W0244733

EIN REISEBUCH

SYLT

HANS JESSEL
ELLERT & RICHTER
VERLAG

Inhalt

Sylt – Insel der Superlative

Die größte deutsche Nordseeinsel, das „größte geschlossene Feriengebiet" der Nation, ist ein Eiland der Extreme. Das sagen Wissenschaftler, Künstler und Journalisten, das spürt der Reisende schon bei der ersten Annäherung, sei es beim Lesen dieses Reisebuchs oder bei der Anfahrt über den Hindenburgdamm.

Eine Aufzählung ihrer natürlichen Besonderheiten, ja Einmaligkeiten stempelt sie zu einem Unikat von fast schon paradiesischem Charakter. An den längsten Strand aller Nordseeinseln (38 Kilometer) brechen bei Sturmfluten die gewaltigsten Wellen (über 7,5 Meter). Die Höhe und Schroffheit des Roten Kliffs wird nur übertroffen von der geologischen Zauberwelt des Morsumer Pendants. Die Grandesse der Dünenwelt ist – sei es nun aus morphologischer oder botanischer Sicht – zumindest an deutschen Küsten ohne Vorbild, und die Ruhe der Watten kontrastiert nirgends besser zur aufgewühlten Nordsee als eben hier.

Über Sylt erhebt sich ein Himmel, von dem nicht nur Schwärmer sagen, er sei der höchste der Welt, und taucht die Insel in ein Licht, das sich jeder Beschreibung entzieht. Auf vergleichsweise objektivere Werte stützt sich die Tatsache, daß die Luft nirgends an der Nordsee reiner ankommt als hier. Der Mensch erkor die Insel frühzeitig zu einem bevorzugten Siedlungsplatz. Heute gilt sie als das an vorgeschichtlichen Funden reichste Gebiet Nordwesteuropas.

Der Homo touristicus kam erst erheblich später. Trotz der späten Entdeckung dieses bevorzugten Fleckchens Erde nahm Sylt schon zur Jahrhundertwende die Spitzenstellung unter den deutschen Seebädern ein.

Mahner, die meinten, man könne das Naturpotential der Insel durch einen zu exzessiv angelegten Tourismus (mit all seinen unliebsamen Nebenwirkungen) schmälern, ja zerstören, gab es frühzeitig. Sie leiteten eine Entwicklung ein, die bis heute in einem weiteren Superlativ endete: Nirgendwo in der Bundesrepublik gibt es eine derartige Häufung von Naturschutzgebieten wie auf Sylt: Sie bedecken immerhin ein gutes Drittel der Inselfläche.

Dennoch scheint die weitere Zerstörung der Inselnatur unaufhaltsam. Einmal abgesehen von den schlagzeilenträchtigen Landverlusten durch die Nordsee sind 500 000 Gäste pro Jahr, davon gut 70 Prozent allein in der Hochsaison, ganz einfach zu viel des Guten. Doch diese Erkenntnis der Gutachter, bereits Anfang der 70er Jahre zu Zeiten des größten Baubooms gewonnen, fand bis heute kaum Beachtung. So kann der Reisende sicher sein, mit den Superlativen der Neuzeit brutal konfrontiert zu werden: Nirgendwo sonst in den Seebädern der Nordsee gibt es derart viele und häßliche Betonklötze, nirgendwo einen derartig ausgeprägten Massentourismus samt Verkehrschaos und damit verbundener Luftverschmutzung, und ... wohl nirgendwo gibt es derart unsensible Touristikmanager, die ihr wichtigstes Betriebskapital, nämlich die Natur, so vernachlässigen wie auf Sylt.

Aber sie können sich sicher fühlen, denn nirgendwo sonst gibt es, trotz Umweltdiskussion und Nordseeverschmutzung, so viele begeisterte Stammgäste, die – angezogen von einer subtilen Mischung aus Faszination und Trauer – ihrer Insel die Treue halten.

Die Geburt einer Insel

Eigentlich ist sie erst wenige Sekunden alt, diese Insel; geologische Sekunden versteht sich: Nehmen wir die mindestens fünf Milliarden Jahre Erdgeschichte als Maßstab, so existiert Sylt als Insel nur einen winzigen Bruchteil dieser Zeit.

Umfangreiche geologische Untersuchungen der letzten Jahrzehnte datieren den Einbruch des Meeres in das einstige Festland auf die Jahrhunderte um 6000 vor unserer Zeitrechnung.

Eine ständig aktive Erdkruste, häufige Klimawechsel, gekoppelt mit steigendem oder fallendem Meeresspiegel, ließen das Gebiet Sylts zwar auch in früheren erdgeschichtlichen Epochen mal Meeresboden, mal Küstengebiet und mal Landfeste sein, doch spielen diese Vorgänge in Hinsicht auf das heutige Antlitz der Insel nur eine untergeordnete Rolle. Konzentrieren wir uns also auf die Ereignisse jener zurückliegenden Jahrtausende, zumal sich daraus die spannende Frage nach der zukünftigen Entwicklung Sylts besser beantworten läßt.

Nach dem Abklingen der letzten Eiszeit um 12 000 v. Chr. existierte der heutige Raum Sylts als Teil eines weit nach Westen vorgeschobenen Festlandes. Mit sanft abfallenden Rändern – Schildkrötenpanzern gleich – ragten mehrere sogenannte Moränenkuppen aus den flachen Schmelzwasserebenen oder Sandern heraus. Das Material dieser Moränen entstammte zum überwiegenden Teil dem Schutttransport der Saalevereisung, deren Gletscher vor über 120 000 Jahren einen Großteil des Nordseeraumes bedeckten.

Als nun das Klima immer freundlicher wurde und die mittleren Temperaturen gar die heutigen Werte überstiegen, bedeckten üppige Eichenwälder die Moränenkuppen, Birkenbrüche eroberten die Schmelzwassertäler. Zugleich wurde die Idylle dieser Region durch einen küstengeologischen Prozeß gestört, der uns bis heute (oder: gerade heute) Probleme macht: Bedingt durch die Eisschmelze in polaren Gebieten, stieg der Meeresspiegel an, überflutete bald die tiefer gelegenen Täler weit westlich der heutigen Insel Sylt und begann schließlich auch die Moränen zu zerstören.

Mit Werten um zwei Zentimeter pro Jahr stieg der Meeresspiegel an, und das Wasser erfüllte die tiefergelegenen Schmelzwassertäler. Was nun im Detail geschah, bedarf des Einsatzes der Phantasie. War es auch möglich, mit modernen Forschungsmethoden die etwaige Ausdehnung der einstigen Höhenzüge zu rekonstruieren, so scheitert die Wissenschaft an der

7

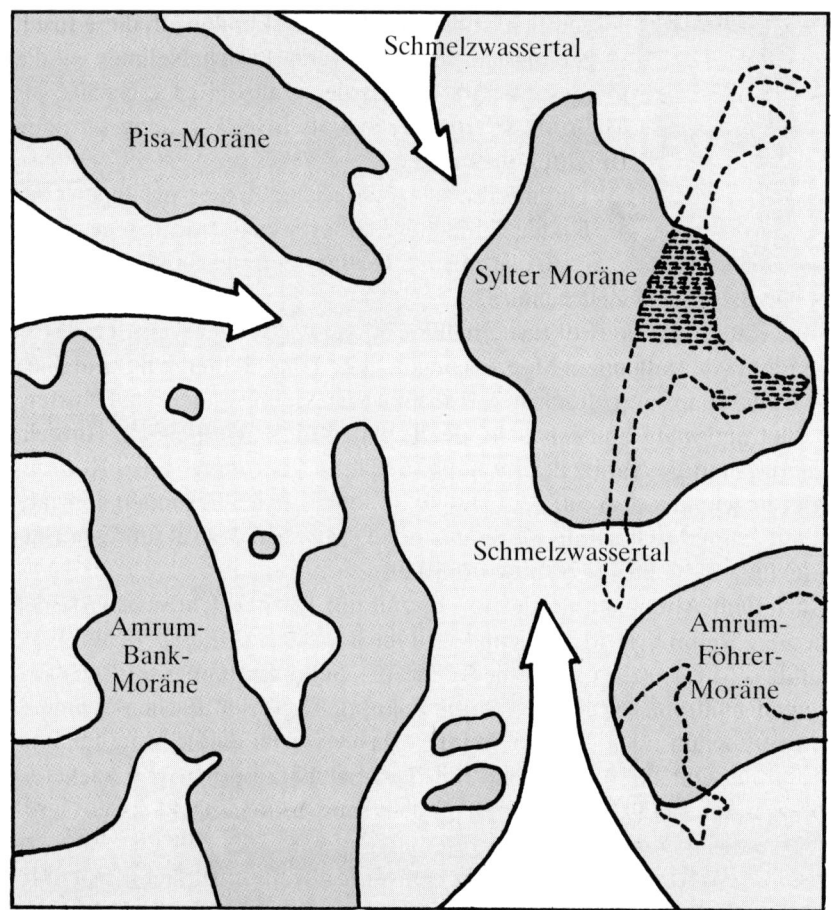

Das Landschaftsbild im Bereich der Insel Sylt vor ca. 8000 Jahren entworfen unter Verwendung von R. Köster, 1976

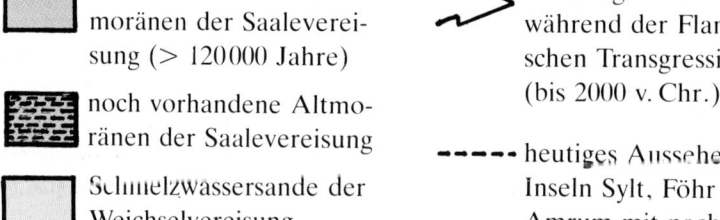

bis heute erodierte Alt-moränen der Saalevereisung (> 120 000 Jahre)

noch vorhandene Altmo-ränen der Saalevereisung

Schmelzwassersande der Weichselvereisung (ca. 20 000 Jahre)

Vordringen der Nordsee während der Flandri-schen Transgression (bis 2000 v. Chr.)

heutiges Aussehen der Inseln Sylt, Föhr und Amrum mit nacheiszeitli-chen Nehrungshaken

Frage der Lage und Höhe dieser längst untergegangenen Moränen. Genau davon jedoch ist der weitere Gang der Zerstörung und Umgestaltung maßgeblich abhängig. In welcher Art also die Abtragung vonstatten ging, welche Moränen zuerst zerteilt wurden und verschwanden, wohin das Abbruchmaterial vertrieben wurde, läßt sich mit heutigen Mitteln zumindest in den Gebieten, die seit langem unter dem Meeresspiegel liegen, nicht feststellen.

Große Probleme treten auf bei der Verknüpfung der auf rein geologische Methoden zurückzuführenden Einsichten mit den frühesten schriftlichen Zeugnissen, insbesondere dem bekannten Kartenwerk des Johannes Mejer, *Nordfriesland um das Jahr 1240*, und den sogenannten *Kielholt'schen Silter Antiquitäten*. Sie beschreiben Landschaftssituationen aus dem 13. bis 15. Jahrhundert, die so gar nicht in das von den Geologen gezeichnete Bild passen wollen.

Rätsel bereitet beispielsweise die in Dokumenten belegte Existenz des sogenannten „Friesenhafens" westlich des heutigen Wenningstedts, was an einer abbrechenden Küste aus Lockergesteinen nur schwer vorstellbar ist. Unklar bleibt der Wahrheitsgehalt der von Hans Kielholt entworfenen Szenerie einer am westlichen Rande der Insel gelegenen Limonitsandsteinbank, in deren Schutz sich ausgedehnte Marschen befanden. Auch die Frage, ob Sylt im Laufe ihrer kurzen erdgeschichtlichen Entwicklung zeitweise aus mehreren Eilanden bestand, wartet noch auf Antwort.

Lassen Sie also Ihrer Phantasie freien Lauf bei der Konstruktion der Destruktion, die seit etwa 8000 Jahren – etappenweise – vor sich geht. Denn der Meeresspiegel stieg nicht stetig; Phasen der Beruhigung schalteten sich ein, sogar Regressionen, also Rückschritte des Meeres wurden nachgewiesen. Sturmflutaktive Zeiten wechselten mit Perioden vornehmlich schwächerer Winde; längerfristig gesehen jedoch schritt die Landzerstörung unaufhaltsam bis auf den heutigen Tag voran. Die Herausbildung der heutigen Umrißgestalt von Sylt war dabei alles andere als ein kontinuierlicher Übergang. Verheerende Sturmfluten brachten immer wieder abrupte Landveränderungen mit sich, wobei auch weite Gebiete zum Teil dauerhaft überflutet wurden, die heute landfest sind.

Die Überflutung weiter Landstrecken wurde begünstigt durch ein weiteres Phänomen: das sinkende Land. Von dem Eisschild, das ehemals ganz Skandinavien bedeckte, entlastet, begann sich besonders in dessen nördlichen Teilen die Erdkruste aufzuwölben: Bis heute hob sich das Land mehr als 300 Meter aus dem Meer. Diese nordische Landhebung lief einher mit

Folgende Doppelseite: Die Lister Dünenlandschaft ist das Ergebnis jüngster geologischer Vorgänge, die ständige Veränderungen bewirken: Vom vorherrschenden Westwind getrieben, „wandern" die unbewachsenen Sandberge alljährlich um viele Meter nach Osten.

9

einer Landsenkung in den Bereichen der Nord- und Ostseeküste südlich Jütlands und Schwedens. Glücklicherweise blieb es hier bei bescheidenen Senkungsbeträgen, die lediglich im Dezimeterbereich liegen dürften, sonst befände sich heute ganz Schleswig-Holstein unter dem Meeresspiegel. Diese Landsenkung scheint nach jüngeren Untersuchungen ihr Ende längst gefunden zu haben, wir aber können daraus schließen: Sylts heutige Gestalt ist ein Zufallsprodukt verschiedener geologischer und klimatologischer Veränderungen, sozusagen ein Zwischenergebnis; ihr weiteres Schicksal ist von den Launen der Natur abhängig.

Unsere geologische Betrachtung endete zunächst mit der Vorstellung, daß die nord- und südwestlich der Insel gelegenen Moränen vom Meer zerstört wurden, welches sich nun daranmacht, die Sylter Geest – wie auch immer – zu demontieren. Berücksichtigt man die heutigen Strömungsverhältnisse vor der Insel und wagt eine Projektion in die Vergangenheit, so scheint das im Westen vom Geestkern abbrechende Material von Strömungen nach Nord und Süd verdriftet worden zu sein, um schließlich in Form von Sandhaken, dann dünentragenden Nehrungen die langgestreckte Form der Insel zu erzeugen. Ob dabei mehrere zu diesem Zeitpunkt vorhandene Geestkerne verbunden wurden (List, Rantum, Puan Klent, Hörnum), oder ob es sich um einen kontinuierlichen Anwachs nach Norden bis zum Ellenbogen, nach Süden bis zur Hörnum-Odde handelte, dies alles bedarf noch der endgültigen Klärung.

Die feinsten Abbruchbestandteile transportierte das steigende Meer in die zunehmend geschützten Gebiete östlich der Insel, wodurch das Watt über den ehemaligen Landmassen entstehen konnte. Höhere Fluten trugen diese Sedimente weit auf die Geest hinauf, bis diese davon bedeckt war, wie man sehr schön an den halb in Klei versunkenen Archsumer Hünengräbern sehen kann.

Schon die ersten historischen Überlieferungen aus dem 12. Jahrhundert berichten von notleidenden Menschen, die in immer größerer Zahl – auf einer immer kleineren Insel – ihr Dasein zu sichern versuchen. Dabei sind es nicht einmal nur die bei Sturmfluten zu beklagenden Todesopfer, die Anlaß zur Klage bieten: Ihre Zahl ist aufgrund der höheren Geestkernbereiche ohnehin geringer als in den niedrigen Uthlanden* des südlichen Nordfrieslands. Viel schlimmer drücken die von der dänischen Regierung veranlagten Steuern für die in Allmende** bewirtschafteten Acker- und Wiesenländereien, die aufgrund der stetigen Abbrüche stets für eine zu große Fläche berechnet werden. Ein anderes geologisches Phänomen

* Flache Marschen seeseitig der Deiche

** Gemeinsame Bewirtschaftung der Acker-, Wiesen- und Weideflächen

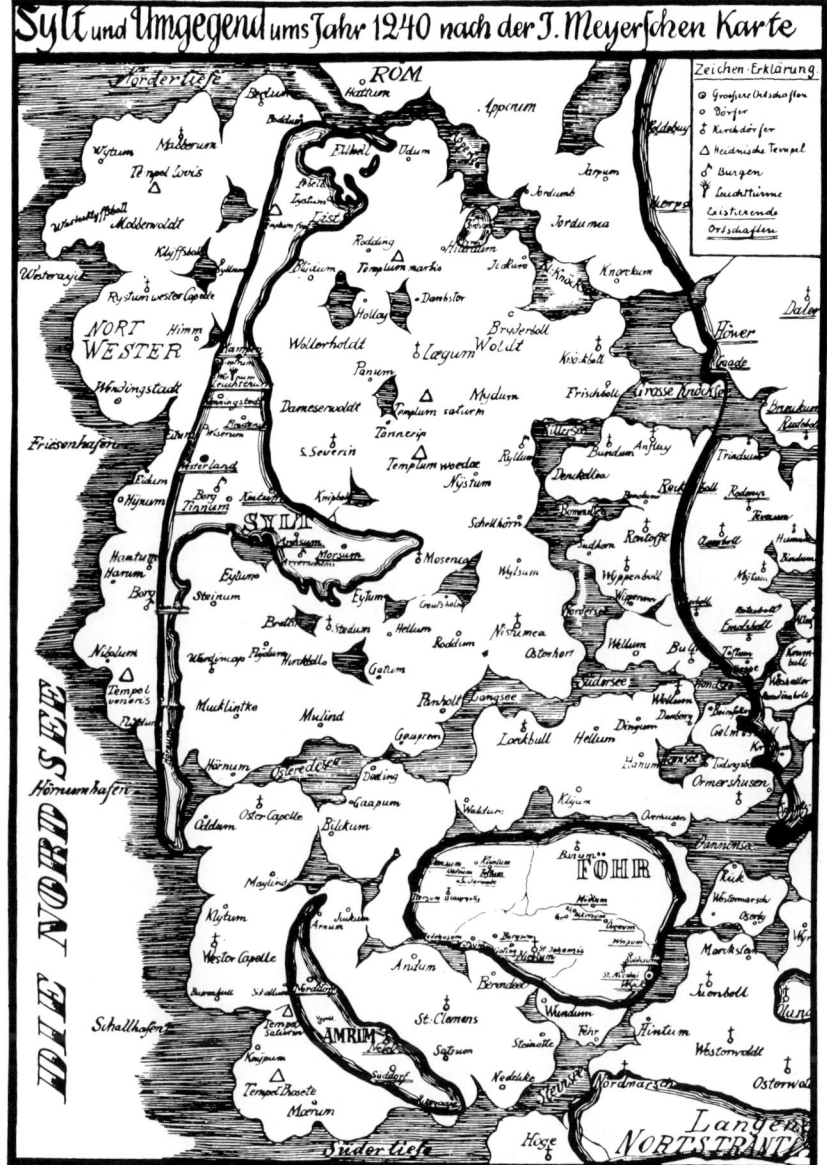

Folgende Doppelseite: Einblicke in die Erdgeschichte der Insel Sylt gibt das Rote Kliff zwischen Wenningstedt und Kampen: Unter der rötlich-braunen Moräne der Saale-Eiszeit (vor etwa 120000 Jahren abgelagert) taucht bisweilen der weiße Kaolinsand auf, Zeuge von nahezu tropischen Klimabedingungen vor Millionen von Jahren.

führte zur Einengung der fruchtbaren Ländereien: Die jährlich mehrere Meter vordringenden Wanderdünen begruben nicht nur wertvolles Acker- und Weideland, sondern ganze Ortschaften unter sich, wie wir auf unseren Gängen durch Rantum und List noch sehen werden. Diese Dünenwanderungen wiederum trieben die Bewohner der Sylter Westküstendörfer dazu, großangelegte Strandhaferbepflanzungen vorzunehmen, um die Sandberge festzulegen. Dies gelang auch, nur nahm man damit den Dünen die Möglichkeit der Flucht vor dem Meer. So war das stetige Ostwärtswandern der Insel beendet, die Dünenhaken wurden nun rapide schmaler: Mancher sieht darin den Anfang vom Ende der Insel.

Resultat dieser natürlichen Kräfte ist die vielgestaltige Nordseeinsel Sylt mit einer Fülle unterschiedlicher Landschaftsformen auf engstem Raum: Brandungsstrand, Dünen und Kliffs, Heide, Marsch und angrenzendes Watt. Zwar befinden sich darunter nur noch sehr kleine Areale der in Werbeprospekten versprochenen „Naturlandschaften" (im strengsten Sinne), denn überall formte der Mensch kräftig mit. Dennoch blieben die Eingriffe aufgrund der Kargheit der Böden und der Unzugänglichkeit von Dünen und Schilfsümpfen weit geringer als in den Kulturlandschaften des Festlandes, so daß der Reiz des „Naturhaften" bis heute erhalten geblieben ist.

Die immer wieder vertretene Auffassung, es seien die Sturmfluten, die unsere Landschaft zerstören, muß sehr kritisch gesehen werden, denn die Sturmfluten markieren lediglich neue Höchststände des allgemein vorrückenden Meeres. Ohne dessen Anstieg hätte unsere Küste im Laufe von Jahrtausenden längst einen Zustand fließenden Gleichgewichts erreicht: Jahrzehnten stärkerer Abbrüche wären solche verstärkter Anlandung gefolgt. Das vernichtende Werk der Sturmfluten allein könnte heute sicher technisch „gemildert" werden, der Anstieg des Meeresspiegels jedoch stellt eine Macht dar, gegen die das Aufgebot von Tetrapoden und Sandvorspülungen wie Don Quichottes Kampf gegen die Windmühlenflügel wirkt.

In Kreisen der Wissenschaft ist man sich längst einig: Geht es so weiter wie bisher (Pegelmessungen deuten auf einen immer stärker steigenden Meeresspiegel hin), wird Sylt als erste der Nordfriesischen Inseln zerstört werden. Auch die Küstenschutzbehörden scheinen diese Ansicht nach jahrzehntelangem Widerstreben zu akzeptieren. Resultat ist die Abkehr von der Idee der „Totalverteidigung" der Insel: Mit Sandvorspülungen versucht man den Prozeß der Zerstörung lediglich zu verlangsamen. Bei den

Baubehörden jedoch (bzw. beim Gesetzgeber) belastet man sich nicht mit solchen Vorstellungen: Seit Mitte der 60er Jahre türmt man in Westerland im unmittelbaren Dünenbereich Bauwerke im Wert von weit über 100 Millionen Mark in die Luft, allen Einwendungen renommierter Wissenschaftler zum Trotz.

Sinnvoller wäre zweifelsohne ein „geordneter Rückzug", für den es nun allerdings zu spät scheint, denn neue Bauvorhaben sind bereits in Planung bzw. in der Konstruktion. Eine weitere Kapitalakkumulation rechtfertigt natürlich auch die Forderung nach teuren Küstenschutzprojekten; über 30 Millionen Mark gab man seit 1972 allein für Sandvorspülungen vor Westerland aus. Die Hörnum-Odde dagegen, „nur" Naturschutzgebiet und deshalb unbebaut, sieht ihrem Untergang entgegen.

Aber hier vermischen sich Geologie und Politik...

Es vergeht kaum ein Winter, in dem nicht von schweren Sturmfluten berichtet wird, die die deutsche Nordseeküste in nicht vorhersehbaren Zeitabständen heimsuchen. Da bei „normalen" Sturmfluten an den Deichen der Festlandsküsten relativ wenig passiert – überschwemmte Hafenanlagen einmal ausgenommen –, muß in aller Regelmäßigkeit die Insel Sylt für eine Katastrophenmeldung herhalten. Die Schlagzeile „Sylt vor dem Untergang" zieht enorm und ist schnell bewiesen: Man geht an die Hörnum-Odde, macht ein Photo von den Wellen, die an den Dünen hochspritzen, interviewt einige besorgt dreinschauende Politiker und verbreitet einen zünftigen Extrakt aus diesen „Recherchen", die manchen Insulaner nur den Kopf schütteln lassen. Besonders im überregionalen Bereich finden sich Meldungen, die beim Leser oder Hörer den festen Glauben hinterlassen, Sylt im nächsten Sommer nicht mehr vorzufinden. Beliebt sind auch die Nachricht, daß der Strand „verschwunden" sei, und die Frage, „wo man denn im Sommer baden solle".

Einmal abgesehen von dem morphologischen Unsinn, der hinter diesen Meldungen steckt, können Mutmaßungen dieser Art nur als Affront gegen die amtierenden Kurdirektoren der Inselgemeinden gewertet werden, die ohnehin schon – Fußballtrainern gleich – eine bemerkenswerte Fluktuation aufweisen und denen Meldungen vom „Verschwinden" ihres größten Kapitals zu Recht ein Dorn im Auge sind.

Diese anfänglichen Sätze zu einem durchaus ernst zu nehmenden Thema sollen beileibe keine Verharmlosung der Gefahren von Sturmfluten bedeuten. Zu groß ist die Zahl der Deichbrüche, zu groß die Zahl der Todesopfer an der deutschen Festlandküste, wo es noch in jüngster Zeit Katastrophen gab, die es in Zukunft sicher abzuwenden gilt.

Nur: Betrachten wir die geschichtlich belegte und die aktuelle Situation der Insel Sylt, so fällt ganz im Gegenteil eine besondere „Armut an Katastrophen" bei diesem Musterbeispiel des Untergangs auf. Aus der Morphologie und der Infrastruktur der Insel ergibt sich eine ganz andere Qualität der Gefährdung, die einen Vergleich mit den Bedingungen an den Festlandsküsten gar nicht erst zuläßt: Seit Tausenden von Jahren weicht die Westküste Sylts zurück (siehe S. 9 ff.); zweifelsohne ist die Insel heute wegen ihrer exponierten Lage ein Hauptangriffspunkt der wütenden Nordsee, was sich in jährlichen Abbruchraten von durchschnittlich einem bis eineinhalb Metern zeigt. Eine akute Gefährdung der Bevölkerung –

wie etwa in den flach gelegenen Marschen hinter den Festlandsdeichen, wo Deichbrüche zu verheerenden Überflutungen führen – ist wegen der hohen Geestkerne und Dünen aber nicht gegeben. Probleme gibt es vor allem dort, wo millionenschwere Bauwerke, die trotz warnender Gutachten in den Dünen errichtet wurden, plötzlich in den Zugriff des Meeres geraten. Dies ist natürlich Schlagzeilen wert, aber von einem bald bevorstehenden „Untergang" der Insel kann überhaupt keine Rede sein. Verleger und Verfasser hoffen jedenfalls, die Auflage dieses Reisebuches vorher verkauft zu haben...

Der Angriff der See auf die Insel findet nicht nur auf der Westseite statt: Man kann sicher sagen, daß über 90 Prozent der 107 Kilometer langen Küste eine abbrechende Tendenz aufweisen, wobei diese Tatsache beispielsweise am Nösse-Deich, der die Südermarsch zwischen Rantum und Morsum begrenzt, zunächst nicht ins Auge fällt. Sylt stand unter einem guten Stern, als dieser Deich bei der Sturmflut vom 23./24. November 1981 *nicht* brach. Wäre dies geschehen, hätte die Insel eine wahre Katastrophe erlebt, denn Morsum, Archsum, Tinnum und große Teile des südlichen Stadtgebiets von Westerland hätten sich bis zu einem Meter tief im Wasser befunden. Der Deich wurde daraufhin Mitte der 80er Jahre um einein halb Meter erhöht und auf über 50 Meter verbreitert, so daß eine Überflutung oder ein Bruch in naher Zukunft nicht vorstellbar ist.

Wir sehen daraus, daß Sturmflut*katastrophen* in der wahren Bedeutung des Wortes aufgrund der natürlichen Beschaffenheit der Insel und der technischen Vorkehrungen des Menschen kaum befürchtet werden müssen.

Sturmfluten (früher auch einfach als „Fluthen" oder „Wasserfluthen", im schlimmsten Fall als „Mandränken" bezeichnet) wird es, zumindest unter den Klimabedingungen des Holozäns, der Nacheiszeit, immer gegeben haben. Berichte davon sind jedoch bis etwa 1000 n. Chr. nur äußerst spärlich überliefert. Ob beispielsweise die Auswanderung der Kimbern und Teutonen im zweiten Jahrhundert v. Chr. durch Sturmfluten initiiert wurde, kann heute nur vermutet werden. Erst aus der Zeit nach der Wiederbesiedlung durch die Westfriesen um die Jahrtausendwende finden sich erste Hinweise auf Überflutungen. Bald sind 20 bis 60 große „Fluthen" pro Jahrhundert überliefert. Einige wenige, die für die Gestaltung unserer heutigen Insellandschaft eine besondere Bedeutung hatten, sind im folgenden dargestellt.

Die *Marcellusflut* vom 16. Januar 1362, auch als erste Mandränke bezeichnet, darf bis heute als die katastrophalste Sturmflut angesehen werden. Sie – genauer: eine ganze Kette von Sturmfluten in jenen Jahrzehnten – zerriß die vordem locker zusammenhängenden Landmassen der heutigen nordfriesischen Inselwelt, ließ das Wasser bis an den Geestrand des heutigen Festlandes vordringen und zerstörte den damaligen Hauptort Rungholt südöstlich der heutigen Insel Pellworm. Die Chroniken sprechen von 100 000 Toten. Sylt, Amrum und Föhr waren geboren.

Auch auf dem Gebiet von Sylt hinterließ diese Flut ihre deutlichen Spuren: So wurde Alt-List, das Vorgängerdorf des heutigen List, ebenso zerstört wie Wendingstadt (heute: Wenningstedt) mit seinem Friesenhafen, ferner rechnet man das Ende des Stinum-Deiches nördlich vom heutigen Rantum dieser Flut zu. Da es jedoch keine Überlieferungen der angerichteten Zerstörungen auf Sylt gibt, seien diese Angaben mit einem Fragezeichen versehen.

Sicher ist der Untergang des alten Eidums während der *Allerheiligenflut* des Jahres 1436. Die Überlebenden gründeten bald darauf etwa 1,5 Kilometer nordöstlich des zerstörten Ortes das heutige Westerland.

Die *zweite Mandränke* brach am 11. Oktober 1634 über die Westküste Schleswig-Holsteins herein: Die hufeisenförmige Insel Strand wurde zerstört, nur die heutigen Inseln Pellworm und Nordstrand blieben als kleiner Rest übrig, einige Halligen verschwanden in den Fluten, alle übrigen Inseln hatten starke Substanzverluste zu beklagen. Sylt scheint bei dieser Flut mit einem blauen Auge davongekommen zu sein, denn von größeren Verwüstungen ist nichts bekannt. Lediglich die neuralgischen Punkte der Insel, die auf nur niedrigen Geestkuppen bzw. Warften gelegenen Ortsteile von Morsum und besonders Archsum, haben nicht nur bei dieser, sondern bei allen höheren Fluten Zerstörungen hinnehmen müssen. So zum Beispiel bei der nächsten Katastrophenflut in der Nacht vom 3. auf den 4. Februar 1825, der sogenannten *Halligenflut*, als das Wasser in über 100 Häuser eindrang und Archsum in 25 „Inseln" verwandelte. Ein Großteil des Ortes Westerland wurde bei dieser Flut von Süden her überflutet, und die gerade neu errichteten Hütten in der Rantum-Inge* wurden ein Opfer des Meeres.

Nach der Gründung des Seebads Westerland im Jahr 1855 und der Ausdehnung des Ortes nach Westen und Süden ließen auch weniger verheerende Sturmfluten Katastrophenstimmung aufkommen. So richteten die Fluten von 1906, 1911 und 1914 starke Zerstörungen an den Westerländer Strandanlagen an. Der Bau einer Strandmauer schien unumgänglich; sie

* Name des wattseitigen Ortsteils von Rantum

wurde nun zu einem bevorzugten Angriffspunkt des Meeres. Bei den hohen Fluten von 1926 und 1936 wurde die zunehmende Bedrohung Westerlands von der Südermarsch her deutlich, denn das Wasser drang jeweils bis in den Bereich des Hauptbahnhofs vor.

Aus jüngerer Zeit ist vielen noch die Sturmflutnacht vom 16. auf den 17. Februar 1962 in Erinnerung, die auch für mich zu einem prägenden Erlebnis wurde: Das Wasser lief über alle zentralen Strandübergänge nach Westerland hinein, durchbrach nördlich der Seenotrettungsstelle des Ortes und vor der gerade erbauten Kersig-Siedlung in Hörnum die Dünen und strömte – wieder einmal – von der Westseite des Ellenbogens aus in den Königshafen ein. Abbrüche im Dekameterbereich an der gesamten Westküste der Insel waren die Folge. Aber wieder galt: Während sich anderswo, beispielsweise in Hamburg, wirkliche Katastrophen abspielten, blieb Sylt vom Ärgsten verschont, hatte nur – einmal mehr – unter starken Substanzverlusten zu leiden.

Gleiches trifft für die Sturmfluten vom 3. und 21. Januar 1976 sowie vom 23./24. November 1981 zu: Sylt kam wiederum mit zwei dunkelblauen Augen – starken Landverlusten, Schäden an den Deichen und Unterbrechung der Eisenbahnverbindung zum Festland – davon.

Lassen Sie uns abschließend zu diesem Thema noch einmal auf die Frage zu sprechen kommen, welche Grundvoraussetzungen für das Auftreten einer besonders hohen Nordseesturmflut „im Idealfall" gegeben sein müssen. Die Beantwortung wird zeigen, daß es mit „viel Wind" beileibe nicht getan ist.

Eine Nordseesturmflut ist grundsätzlich das Resultat einer besonders markanten Ausprägung der Tiefdruckgebiete, die unsere Witterung zu allen Jahreszeiten so außerordentlich abwechslungsreich gestalten. Aufgrund der zum Herbst hin schnell abnehmenden Einstrahlungsenergie der Sonne auf die Nordhalbkugel kommt es zwischen dem bekannten Azorenhoch und dem Islandtief über dem Atlantik zu ausgeprägten Druckunterschieden. Je größer die Luftdruckunterschiede auf engem Raum, desto stärker die ausgleichenden Luftbewegungen (Prinzip knallender Sektkorken). Unter dem Einfluß der hoch in der Atmosphäre zirkulierenden Jet-Streams* bilden sich bevorzugt zur Zeit der Tag-und-Nacht-Gleiche stürmische Wirbel, sogenannte Zyklonen oder Sturmtiefs aus, die – aus dem Seegebiet des Atlantiks zwischen dem 40. und 60. Breitengrad kommend – in charakteristischen Zugbahnen die Nordsee und ihre Küstenländer überqueren. Je nach Durchzugsort des Sturmtiefkerns

Folgende Doppelseite: Windstärke 8 bis 9 vor der Westerländer Promenade: Der Faszination eines kleinen Herbststurmes kann man sich kaum entziehen.

* Starke Luftströmungen, die u. a. durch die Erdrotation hervorgerufen werden

21

unterscheidet man den Jütland-Typ (Sturmflut vom 3. Januar 1976), den Skagerrak-Typ (Sturmflutkette vom November/Dezember 1973) und den Skandinavien-Typ (Sturmflut vom 16./17. Februar 1962); mit anderen Worten: Fast alle Zyklonen ziehen mit ihrem Kern nördlich der Insel Sylt vorbei, was zu ganz charakteristischen Wetterabläufen führt.

Der Wind in einem Tief bewegt sich auf der nördlichen Hemisphäre gegen den Uhrzeigersinn spiralförmig zum Zentrum des Tiefs. Da der Einfluß-bereich eines Sturmtiefs durchaus mehrere 1000 (!) Kilometer betragen kann, wird der nordfriesische Bereich im Fall eines Zyklons vom Skandi-navientyp naturgemäß länger von starken Winden aus dem westlichen Sektor betroffen sein als bei einem Tief vom Jütlandtyp.

Starke und dauerhafte Winde aus dem westlichen Sektor aber drücken das Wasser mit einer solchen Kraft in die Deutsche Bucht, daß es zu einer meßbaren Schrägstellung des Meeresspiegels zwischen der englischen Ostküste (hier herrscht ein extremer Tiefstand) und den östlichen Anrai-nerstaaten der Nordsee kommt. Dort kann der Meeresspiegel allein durch diesen als *Windstau* bezeichneten Effekt um weit über vier Meter angeho-ben werden, wie es bei den letzten großen Stürmen auch geschah. Die trichterförmige, Wasser „fangende" Küstenlinie der Deutschen Bucht be-günstigt diesen Effekt. Sylt befindet sich insofern in einer glücklichen Lage, als es – am Nordende dieses Naturtrichters gelegen – nicht in den Bereich der höchsten Windstauwerte fällt; die Werte liegen durchschnitt-lich um einen Meter niedriger als beispielsweise an der nordfriesischen Festlandküste.

Dauer und Größe des Windstaus ergeben sich also aus der Differenz der vorausberechneten und der tatsächlich eingetretenen Tidekurve, womit schon die nächste Bedingung für die Ausbildung einer Extrem-Sturmflut gegeben ist: Fällt nämlich das Maximum des Windstaus mit dem astrono-misch berechneten Hochwasserzeitpunkt zusammen, addieren sich diese Werte zu beachtlichen Höhen, die den Wasserstand weit über fünf Meter über die Normalnull-Marke hinaustreiben können.

Es ist wichtig zu wissen, daß alle diese Werte für den theoretisch berech-neten ruhigen Wasserspiegel gelten, den es natürlich bei Sturmfluten schon gar nicht gibt. Es baut sich also hierauf noch die Sturmbrandung auf, deren Höhe nach Messungen vor Sylt über sieben Meter erreichen kann!

Eine weitere Steigerung des Wasserspiegels ergibt sich zu Zeiten der Springtide, wenn durch die astronomische Konstellation von Mond und

Sonne die Resultierende der Anziehungskräfte besonders groß ist. Dies führt zu ausgeprägteren Gezeiten, sowohl zu höheren Hochwassern als auch zu tieferen Niedrigwassern – die Steigerungen liegen jeweils im Dezimeterbereich. Eine sogenannte *Springflut* ist die Folge, wie beispielsweise die vom 3. Januar 1976.

Nach der Februarsturmflut von 1962 machte noch ein weiteres – und recht seltenes – Phänomen von sich reden. Der hohe Wasserstand der damaligen Flut entstand unter anderem durch den Einfluß einer *Fernwelle*, d. h. eines langen Wellenbergs, der durch besondere Ereignisse im Atlantischen Ozean zustande kam. Untermeerische Beben, Stürme oder rasche Luftdruckänderungen können die Ursache dieser Erscheinung sein.

Das letzte Wort bezüglich der endgültigen Höhe, des sogenannten Scheitelstandes einer Sturmflut sprechen die lokale *Küstenkonfiguration* sowie die aktuelle Entwicklung von *Windrichtung* und *Windstärke:* Im Bereich der Insel Sylt ist dies seit dem Bau des Hindenburgdamms deutlich zu beobachten: Bei südwestlichen Winden staut sich das Wasser vornehmlich im Tidebecken des Sylter Süderwatts weit höher als vor dem Bau des Damms, was 1981 fast zum Bruch des Nössedeichs führte. Bei Stürmen aus dem nordwestlichen Quadranten häufen sich die Abbrüche an den Kliffs, Dünen und Marschkanten der Nordsylter Wattufer, wie bei der Sturmflut vom 3. Januar 1976.

Nach amtlicher Definition wird zwischen leichten, schweren und sehr schweren Sturmfluten unterschieden: Von einer leichten Sturmflut spricht man bei Wasserständen, die das mittlere Tidehochwasser (MThw) um 150 bis 216 Zentimeter übersteigen, was ab Windstärke acht bis neun der Fall ist. Schwere Sturmfluten erreichen bis zu 290 Zentimeter über MThw – auf Sylt entspricht dies einem Wert von etwa 3,80 Meter über Normalnull; die sehr schweren liegen darüber.

Die tatsächlichen Zerstörungen unter Sturmfluteinfluß sind wiederum nicht nur abhängig von der Sturmflutscheitelhöhe, sondern auch von der *Verweildauer* höherer Wasserstände, besonders an sandigen Abbruchküsten wie dem Weststrand Sylts. So kann es durch das Auftreten mehrerer schwerer Sturmfluten innerhalb weniger Tage oder Wochen, wie im November/Dezember 1973, zu weit schlimmeren Landverlusten kommen als bei einer Sturmflut der „sehr schweren" Kategorie. Besonders verheerend wirken sich natürlich mehrere sehr schwere Sturmfluten innerhalb eines kurzen Zeitraums aus, wie beispielsweise die vom 3. und 21. Januar 1976. Der Zustand, die „Stabilität", des Sandriffs vor der Sylter Westküste

Folgende Doppelseite: Windstärke 12 bis 13 auf der Westerländer Promenade: Wer je einen Orkan so hautnah erlebte, empfindet tiefen Respekt vor der elementaren Gewalt der Natur.

und die Höhenlage des Strandes haben maßgeblichen Einfluß auf die Abbruchraten an den Dünen; werden die Sandbänke bei der ersten Sturmflut in ihrer Stabilität geschwächt und wird der Strand (durchaus in Meterbeträgen pro Tag!) erniedrigt, findet die zweite Flut ideale Bedingungen für einen verstärkten Angriff; dies gilt in gleicher Weise für durchweichte und angenagte Deiche.

Man erkennt aus den aufgezählten Grundbedingungen für Extrem-Sturmfluten (fälschlicherweise auch immer wieder als Jahrhundertfluten bezeichnet), wie komplex die Entstehungsmechanismen sind und wie schwer die exakte Vorhersage der Scheitelhöhen ist. Vorbeugen ist unter diesen Voraussetzungen unbedingt notwendig. Bei Deichneubauten oder -erhöhungen wird daher die schlimmstmögliche Konstellation mit einem „Zuschlag" zugrunde gelegt. Gegenwärtig ist man auch auf Sylt schon bei Deichhöhen von sechs bis sieben Metern angelangt. Ein Problem bleibt der generelle Meeresspiegelanstieg, der die Bemessungsgrundlagen in Zukunft weiter nach oben treiben wird.

Küstenschutz auf Sylt – eine kritische Rückschau

Seitdem die Menschen auf Sylt seßhaft geworden sind, stellt sich für sie das Problem, den urbar gemachten Boden, Haus und Hof gegen die See zu verteidigen.

Die ersten Küstenschutzanlagen waren niedrige Deiche, die das fruchtbarste Gebiet der Insel, die Südermarsch, schützen sollten. Der Stinum-Deich gilt als der älteste, er wurde durch die Sturmflut des Jahres 1362 zerstört. Sein Baudatum ist ungewiß, man vermutet, daß er um die Jahrtausendwende entstand... Überreste dieses Deiches sollen noch heute unter den südlichen Häusern des Ortes Rantum zu finden sein. Von hier aus verlief er in unbekannter Richtung gen Keitum, Archsum oder gar Morsum. Der älteste noch heute sichtbare Deich findet sich an der südlichen Marschabbruchkante kurz vor dem Inselende in Nösse, von wo er als kleiner, nur wenige Dezimeter hoher Rücken gen Norden zu verfolgen ist. Ob es sich hier um den östlichen Teil des Stinum-Deiches handelt, bleibt ungewiß, sicher aber ist, daß dieser ehemals eine wesentlich größere Marsch schützen sollte als heute der Nösse-Deich. Bei Morsum Odde findet sich ein schon von C. P. Hansen als Eidum-Deich erwähnter Rest, der 1634 zerstört wurde und heute aufgrund späterer Klei-Bedeckung nicht mehr sichtbar ist.

Die Orte an der Dünen tragenden Westküste der Insel hatten weniger gegen das Wasser als gegen die Wanderdünen zu kämpfen (siehe S. 16). Allein deshalb baute man die Orte weit vom Meer entfernt und ließ den Abbrüchen ihren Lauf. Die unfruchtbaren Heidegebiete zwischen Westerland und Kampen waren ohnehin wertlos.

Diese Situation änderte sich schlagartig mit dem Einsetzen des Fremdenverkehrs ab Mitte des vergangenen Jahrhunderts: Immer näher wurden nun die Logierhäuser an die Dünen herangebaut, immer kostbarer wurde der Baugrund in den küstennahen Bereichen. Die 1880 erbaute *Villa Breitenfeld* war das erste Haus direkt in den Dünen, das noch heute bekannte *Hotel Miramar* kam 1903 dazu. Es ergab sich so die Notwendigkeit, die Westküste an einer Stelle zu halten, keine Rückschritte des Küstenverlaufs mehr zu dulden.

Schon 1867, unmittelbar nach Beendigung des deutsch-dänischen Krieges, rückten preußische Bautrupps an, um erste Buhnen vor dem Roten Kliff zwischen Wenningstedt und Kampen zu errichten. 1872 begann der Küstenschutz vor Westerland durch *Holzpfahlbuhnen*, bis zur Jahrhundertwende wurden mehrere hundert erbaut, im Süden bis nach Rantum,

Folgende Doppelseite: Auch am Ellenbogen sind die in den 30er Jahren eingerammten Stahlbuhnen längst ein Opfer von Brandung, Sandschliff und Eisdruck geworden.

im Norden bis nach List. Sie werden diesen – zum größten Teil stark ramponierten – Buhnen auf Ihren Wanderungen begegnen (siehe S. 172 ff.); die meisten sehen Sie jedoch nur bei Niedrigwasser, am besten bei Rantum und bei Kampen.

Die Grundidee dieser (und späterer) Buhnengenerationen war einfach, und man hatte im Flußbau beste Erfahrungen damit gemacht: Die sogenannten Querwerke sollten die parallel zum Ufer verlaufende Strömung vom Strand abhalten und so die Erosion mindern. Die Erhaltung des Strandes sollte – so hoffte man mit Recht – zum Schutz der Dünen beitragen. Schließlich strebte man gleichmäßigere Strandverhältnisse an.

Was tatsächlich geschah, erfüllte die Buhnenbauer mit Erstaunen: Die zunächst im Abstand von 500 Metern errichteten Bauwerke erfüllten ihre Aufgabe insofern in negativer Weise, als der Strand zwischen ihnen durch Strömungsverwirbelungen (Lee-Erosion) schneller ausgeräumt wurde als vorher. Auch nachdem man als Antwort darauf jeweils zwei kleinere Bauwerke zwischen den bereits vorhandenen errichtete, änderte sich dieses Phänomen nur quantitativ: Die erhoffte Gleichmäßigkeit des Strandes trat nicht ein, die Abbrüche an den Dünen gingen munter weiter.

Dazu gesellte sich bald ein anderes Problem: Bohrmuscheln befielen die Holzpfähle und verursachten große Folgekosten. Durch die weiter rückschreitenden Dünen wurden die landseitigen Enden der Buhnen freigespült, was wiederum die Abbrüche an den Dünen forcierte. Kostspielige Verlängerungen der Buhnen wurden notwendig.

Bis Anfang des 20. Jahrhunderts blieben diese Buhnen die einzigen Maßnahmen des Küstenschutzes, bis das Hotel Miramar 1906 in Schwierigkeiten geriet: Sturmfluten brachten die Dünenabbruchkante dem Haus bedrohlich nahe, worauf der Besitzer bereitwillig in die eigene Tasche griff und sich ein Stück Ufermauer von knapp 80 Metern Länge vors Hotel baute. (Noch heute ist dieses nicht verklinkerte Stück deutlich zu erkennen.) Diese durchaus verständliche Reaktion des Herrn Busse gilt als Beginn der Küstenverfelsung, die nun zügig voranschritt. Denn nördlich und südlich dieses Uferschutzes brachen die Dünen natürlich weiter ab, so daß man sich bald gezwungen sah – aber nun auf Kosten der Staatskasse –, die Promenade weiter auszubauen, auf insgesamt 800 Meter Länge.

Die Natur wiederum reagierte prompt: Die bei Sturmflut anbrandenden Wellen verpufften nun ihre Energien teilweise als gewaltige Gischtfontänen, die über die Promenade zogen, zum Teil aber auch durch eine Aufwirbelung des Sandes. Dies führte zusammen mit der starken Unterströmung zu einem verstärkten Abtransport des Sandes. Ferner verlor der Strand in den Bereichen vor der Promenade seine Ernährungsbasis aus den sonst natürlicherweise abbrechenden Dünen. Zudem erwies sich die Mauer als nicht robust genug. Das „Auslaufen" der dahinterliegenden Düne und der Zusammenbruch der Promenadendecke waren die Folge der wiederholten Zerstörung der Klinkerwand.

In den Jahren 1927 bis 1938 baute man im Strandbereich von Westerland bis zum Ellenbogen und an der Ostküste der Hörnum-Odde sogenannte *Stahlspundwandbuhnen* (zum Teil direkt neben den alten Holzpfahlbuhnen), die bis zu acht Meter tief in den Sand gerammt wurden. Doch auch diese immerhin zwei Zentimeter dicken Spundwände waren der Kraft des Meeres auf Dauer nicht gewachsen: Durch den Sandschliff in der Brandungszone wurden die Buhnen derartig strapaziert, daß bald nur noch ihre Verbindungsstücke wie bizarre Fischgräten ohne Funktion in den Himmel ragten. Die Folge waren schlimme Badeunfälle, so daß bis heute bereits mehrere 100 000 Mark aufgewendet werden mußten, um diese Relikte wieder abzuschweißen.

Die größte Landschaftsveränderung durch eine Küstenschutzmaßnahme erlebte Sylt in den Jahren 1936/37, als der Nössedeich gemeinsam mit dem Rantum-Beckendeich geschlossen wurde. Noch 1936 drang das Wasser bis in den Bahnhofsbereich Westerlands vor, nun plötzlich waren etliche Quadratkilometer Inselfläche dem Zugriff des Meeres entzogen. Daß das Rantum-Becken als geplanter Landeplatz für Seeflugzeuge vornehmlich militärische Bedeutung hatte, sei nur am Rande erwähnt.

Die *Verfelsung* Westerlands schritt voran mit dem Bau der Beton- und Basaltdeckwerke von der Brandenburger Ecke bis zur Seenotstelle im Norden. Die Idee zu dieser Art der Uferverteidigung erwuchs aus den negativen Erfahrungen, die man mit der senkrechten Ufermauer sammeln mußte: Das Meer sollte sich totlaufen können, die Wellen sollten ihre Energie langsam verbrauchen.

Diese verschiedenen Versionen von Deckwerken, die den Fortgang der Erfahrungen verdeutlichen, liegen heute nebeneinander: das geneigte Betondeckwerk, auf dem das Meer ungehemmt auflaufen kann, das nördlich anschließende Basaltdeckwerk, wo die Auflaufhöhe schon deutlich geringer ist, und schließlich das Rauhbasaltdeckwerk, bei dem die einzelnen Basaltsäulen eine besonders unebene Oberfläche bilden, um die Kraft der Wellen wirksam zu zerstreuen. Daß die „Panzermauer" darüber vornehmlich küstenschutzfremde Aufgaben zu erfüllen hatte, besagt

Folgende Doppelseite: Sturm an der Brandenburger Ecke vor Westerland: Auch die Tetrapoden, sechs Tonnen schwere Betonkolosse, konnten die in sie gesetzten Erwartungen beim Küstenschutz nicht erfüllen.

schon der Name. Trotzdem bewährte sie sich hervorragend bei der 62er Sturmflut, als sie Durchbrüche im Bereich der Friesischen Straße und des Nordhedigs verhinderte.

In den 50er Jahren folgte die dritte Buhnengeneration: Aus *Stahlbeton*, bis zu zehn Meter tief in den Sand gerammt, zwischen Westerland und Kampen. Nach dem Bau (und wiederum langsamer Zerstörung durch das Meer) stellte sich heraus, daß auch sie nicht weit genug in die See hinausgebaut waren. Die Strömung, die den Sand abträgt, hat nämlich ihre Haupttransportkraft weiter westlich im Bereich der Sandbänke. Damit war klar, daß alle bisherigen Buhnen ihre Wirkung verfehlen mußten. Auch die in den 60er Jahren erbauten vier Flunderbuhnen vor der Westerländer Kurpromenade, die doppelt so weit in die See gebaut wurden, konnten den gewünschten Sandfang nicht leisten.

Die vorerst letzte Phase der Küstenverfelsung begann 1961, als zunächst vor Westerland, in den Jahren 1967/68 auch vor Hörnum, die sogenannten *Tetrapoden* (sechs Tonnen schwere Betonvierfüßer) zum Schutze der Küste an den Strand gestapelt wurden. Die Bauarbeiten waren von großem Optimismus begleitet, meinte man doch, die ideale Abwehr gegen die See gefunden zu haben: flexibel verlegbar und – aufgrund der zahlreichen Hohlräume – durchlässiger als eine Ufermauer, sollten sie die Energie des anbrandenden Wassers langsamer vernichten.

Als Problem kristallisierte sich bald der schwammige Untergrund heraus: Die kostspielige Bitumendecke, mit Bongossimatten unterlegt und mit Steinquadern durchsetzt, bewährte sich zumindest anfänglich bei der im Norden Westerlands verlegten Anlage, die später verwendeten Nylonsäcke jedoch, die – mit Sand gefüllt – als Sockel für Hunderte von Tonnen dienen sollten, wurden schnell unterspült und ließen die Tetrapoden um mehrere Meter (!) absacken (Beispiel Querwerk Hörnum) oder nach Westen umkippen (Hörnum Längswerk oder im Norden Westerlands).

Die ursprüngliche Idee, versackte Tetrapoden durch neue zu ergänzen, wurde bis heute aufgrund einer weiteren Erkenntnis nicht verwirklicht: In allen Strandbereichen, in denen die natürliche Verbindung von Strand und Dünen durch Tetrapoden, Deckwerke oder Ufermauern unterbrochen wurde, entwickelte sich innerhalb weniger Jahre eine stark negative Sandbilanz, die – am extremsten vor Westerland zu beobachten – zu einer völligen Ausräumung des Sandes führte.

Zwei Gründe scheinen hierfür verantwortlich: Zum einen verliert der Strand an einer Abbruchküste seine natürliche Ernährungsbasis, wenn der Dünenabbruch durch Verfelsung verhindert wird, zum anderen findet die Rückverlagerung der Insel nicht nur im Strand- und Dünenbereich, sondern bereits am Inselsockel gut zwei Kilometer vor der Küste statt. Der Bau von statischen Schutzwerken im Strandbereich muß also zu einer Versteilung des Unterwasserreliefs führen. Dies wiederum gibt auch höheren Wellen die Möglichkeit, bis an den Strand vorzudringen, und verschärft somit das Problem.

Als diese – an sich naheliegende – Theorie durch amtliche Messungen vor Westerland bestätigt wurde, kehrte man allen Maßnahmen der Küstenverfelsung, wie zum Beispiel Großbuhnen, gigantischen Betonmauern und chemischer Sandverfestigung, den Rücken.

Aufgrund positiver Erfahrungen an amerikanischen Küsten sowie auf Norderney und Föhr entschied man sich, 1972 die erste *Sandvorspülung* (unter wissenschaftlicher Begleitung) auch vor Westerland vorzunehmen. Grundidee war, die ausgesprochen negative Sandbilanz dieses Küstenabschnitts durch ein entsprechendes Sanddepot auszugleichen. Insgesamt fast eine Million Kubikmeter Sand wurde aus dem Wattgebiet östlich des Rantum-Beckens entnommen und über eine Rohrleitung an den Westerländer Strand gespült. Die ursprüngliche Idee, den Strand in Form einer Sandzunge bis zum Sandriff hinauszutreiben, mußte aufgrund der starken uferparallelen Strömung allerdings aufgegeben werden. Obwohl der Sand bereits nach den Sturmfluten im Januar 1976, vier Jahre eher als erwartet, vom Westerländer Strand verschwunden war, kann man von einem Erfolg der Maßnahme sprechen. Positiver Effekt: Der vom Meer größtenteils aufs vorgelagerte Sandriff hinaustransportierte Sand wurde wie auf Förderbändern nach Norden und Süden verfrachtet und stabilisierte somit auch Strandbereiche außerhalb des Spülgebietes.

1978 folgte die zweite Sandvorspülung. Noch einmal entnahm man den Sand dem Watt beim Rantumer Becken, diesmal aber spülte man ihn uferparallel vor die Promenade von Westerland. Nach der Novembersturmflut 1981 waren wieder acht Millionen Mark an Steuergeldern vom Westerländer Strand verschwunden. Unübersehbar, daß für den Schutz der fast 40 Kilometer langen Westküste Sylts auf Dauer ein hoher Preis zu zahlen sein würde.

In Ermangelung erfolgversprechender Alternativen entschied man sich für weitere Vorspülungen auch in anderen Strandbereichen der Insel, das Gesamtvolumen der Maßnahmen hat längst die 100-Millionen-Grenze überschritten. Der Fachplan Küstenschutz Sylt, der 1985 von amtlicher

Folgende Doppelseite: Biotechnischer Küstenschutz vor Rantum: Bestick und Strandhaferpflanzungen schützen die Randdünen vor der Zerstörung durch den Wind. Der vom Strand herangewehte Sand bleibt hängen und bildet – im Idealfall – meterhohe Vordünen, die dem Angriff des Meeres Paroli bieten.

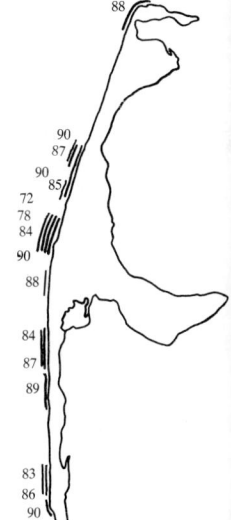

Bis 1990 erfolgte Sandvorspülungen

37

Seite als Grundlage einer mittelfristigen Küstenschutzplanung vorgelegt wurde, sieht für die kommenden Jahre weitere Sandvorspülungen vor. Man will nicht nach einem strengen Raster verfahren, sondern die Möglichkeit zu Bedarfsvorspülungen, beispielsweise nach außergewöhnlichen Sturmfluten, offenhalten. Auf diese Weise hofft man, die negative Sandbilanz der Insel von derzeit über 1,5 Millionen Kubikmeter jährlich wenigstens annähernd ausgleichen zu können.

Natürlich mangelt es auch von privater Seite nicht an Vorschlägen, wie die Insel Sylt zu „retten" wäre. Besonders die Initiative des „Vereins Deutscher Küstenschutz" sei hervorgehoben, an dessen Ideen-Wettbewerb zur Sicherung Sylts sich u. a. namhafte Ingenieurbüros beteiligten. Deren Kreativität, teils wohlfundiert, teils abenteuerlich, konnte die Fachleute des Amtes für Land- und Wasserwirtschaft jedoch nicht überzeugen. Insbesondere der vom Küstenschutzverein immer wieder in die Diskussion geworfene Vorschlag, mit sogenannten *Sichelbuhnen* den Abtransport des Sandes zu unterbinden, stößt aufgrund der Erfahrungen, die man mit Buhnenbauten schon sammeln mußte, auf taube Ohren. Näheres zu dieser Problematik finden Sie in der aufschlußreichen Broschüre des Vereins Deutscher Küstenschutz: „Was kostet Sylt?" (im Buchhandel erhältlich).

Alle bisherigen Küstenschutzmaßnahmen (auch die Sandvorspülungen) wurden als „Versuchsbauwerke" apostrophiert. Man liest aus dieser Bezeichnung die Unsicherheit heraus, die bis heute über allen „Naturversuchen im Maßstab eins zu eins", so die amtliche Bezeichnung, schwebt. Sie resultiert aus der Unmöglichkeit, Sturmflutbedingungen in Modellen zu simulieren, und aus der Unkenntnis der Mechanismen des Sand-Abtransports. Auch die Strömungsbedingungen vor der Westküste, die sich aus einer komplexen Überlagerung von Brandungs-, Gezeiten-, Wind- und Restströmungen ergeben, sind bis heute nur schemenhaft bekannt. Die Deutsche Forschungsgemeinschaft unterstützt in diesen Jahren ein millionenschweres Projekt, von dem man sich wichtige Aufschlüsse auch für die weitere Küstenschutzplanung erhofft.

Vorläufig jedoch werden wir weiterleben müssen mit einem Problem, welches wir uns – zumindest zum Teil – selber eingebrockt haben. Unsere Vorfahren nämlich bauten ihre Häuser weit genug vom Ufer entfernt, so daß sie auch nach Generationen keine Sorge um ihr Hab und Gut zu haben brauchten. Heute verläßt man sich auf die Hilfe, die von außen „zu kommen hat", und baut munter weiter in die Dünen hinein, auf daß der Rubel rolle...

Die Entdeckung der Insel als Lebensraum –
ein Blick in die Vor- und Frühgeschichte

Ein Mann wie Alfred Rust, mit geradezu genialem Gespür für alles Steinzeitliche, fand natürlich auf Sylt, was er suchte. Anfang der 50er Jahre bereits entlockte er dem Morsum-Kliff einen – seiner Meinung nach – von Menschen bearbeiteten Quarzit. Er datierte dies Geschehen in das Präpleistozän, das Zeitalter vor Beginn der großen Inlandeisvergletscherungen, die vor rund 600 000 Jahren Mitteleuropa erfaßten.

In der Wissenschaft der Archäologie ist es schwer, Vermutungen zur Gewißheit werden zu lassen, besonders bei Einzelfunden dieser Art in einem Gebiet, das sich später so stark verändert hat wie das Morsum-Kliff (siehe S. 106 ff.).

Dies gilt auch für einige Funde, die Wissenschaftler der mittleren Steinzeit (bis etwa 5000 v. Chr. – beachten Sie die anderen Zeitdimensionen!) zuordnen. So kommt es, daß man die erste klar nachweisbare Dauerbesiedlung Sylts noch heute in das mittlere *Neolithikum*, die Jungsteinzeit, legt, so etwa um 2500 vor unserer Zeitrechnung. Zu dieser Zeit war Sylt längst Insel geworden (siehe S. 7 ff.), der rasante Meeresspiegelanstieg des Atlantikums war vorüber, doch lag der Spiegel der Nordsee etwa vier Meter unter dem heutigen Stand. Charakteristische Relikte der neolithischen Besiedlung sind die Megalith- oder Großsteingräber, die grundsätzlich auf eiszeitlicher Moräne errichtet wurden und auf Sylt noch heute in teilweise hervorragender Verfassung begutachtet werden können. Einige besonders markante Stätten seien hervorgehoben:

▷ Das in Norddeutschland am besten erhaltene Grab dieser Art ist der *Denghoog* nördlich der Wenningstedter Kirche; wir werden ihn auf der Radtour von Westerland nach List besuchen (siehe S. 92).

▷ Phantastische Zeugen für den Anstieg des Meeresspiegels seit der damaligen Zeit sind die sogenannten *Riesenbetten* (spezielle Megalithgräber mit rechteckigen Steinkammern), die südwestlich von Archsum am seeseitigen Fuße des Nösse-Deichs im Watt zu bestaunen sind. Die Archsumer Geest ist von der Stein- bis zur Eisenzeit ohnehin ein bevorzugtes Siedlungsgebiet gewesen, was vornehmlich auf die reichen Böden zurückzuführen ist. Da der Meeresspiegel zum Zeitpunkt des Baus dieser Gräber noch mehrere Meter tiefer lag (was auf dem sanft nach Süden abfallenden Geestkern noch eine weite Strecke trockenen Landes bedeutete), kann man heute weit draußen an der Niedrigwasserlinie Überreste der früheren Besiedlung finden.

Folgende Doppelseite: Der Keitumer Harhoog liegt heute – wie viele andere Hünengräber auch – an einem der landschaftlich herausragenden Punkte der Insel.

41

▷ Ein weiteres Zeugnis dieser Epoche ist der *Harhoog,* heute östlich des Keitumer Schwimmbades gelegen. Wegen des Flughafenausbaus mußte er seinen ursprünglichen Platz in der Nähe der sogenannten Mörderkuhle westlich von Keitum räumen (siehe S. 169).

Diese Gräber enthielten unverbrannte Tote mit diversen Beigaben wie Tongefäßen, Werkzeugen aus Feuerstein und Bernstein. Man hat noch gut 50 weitere Gräber aus dieser ersten Besiedlungsphase auf Sylt entdeckt, doch ist es für den Laien schwer, sie von den Hunderten (!) von Grabhügeln aus der Bronzezeit und Eisenzeit zu unterscheiden, die sich besonders im Raum Archsum/Morsum sowie Wenningstedt/Kampen häufen. Von den weit mehr als 500 Kulturdenkmälern dieser Art, die noch registriert werden konnten, „verschwand" ein Großteil beim Bau des Flughafens, durch Küstenabbrüche, durch Überbauung, bei Küstenschutzarbeiten und auf andere Art und Weise.

Auffallend ist die wunderschöne Lage dieser Grabhügel an exponierten Stellen – wir werden viele bei unseren Radtouren und Wanderungen zu sehen bekommen:

▷ die Hügelgruppe südlich des Morsum-Kliffs mit Blick über das Watt und die Nachbarinseln (siehe S. 169),

▷ die sogenannten *Brönshooger* rund um den Kampener Leuchtturm, an der höchsten Stelle der Sylter Geest gelegen – der Brönshoog ist mit fast sieben Metern der höchste Grabhügel auf Sylt,

▷ die *Krokhooger* auf der Kampener Nordwestheide,

▷ der *Tipkenhoog* östlich des Keitumer Schwimmbades (siehe S. 169).

Die auffallend reichen Grabbeigaben der bronzezeitlichen Erdhügel deuten darauf hin, daß die umfangreichen Handelsbeziehungen, die von Nordfriesland bis nach Holland reichten, einen gewissen Wohlstand mit sich brachten. Dies erklärt auch die enorme Steigerung der Bevölkerungszahl in der Bronzezeit. Die damaligen Bewohner Sylts ernährten sich von Ackerbau und Fischerei, auch Haustierhaltung war längst gang und gäbe.

In der Eisenzeit, nachgewiesenermaßen zur römischen Kaiserzeit (bis 400 n. Chr.), entstanden auf Sylt die Archetypen unseres heutigen Friesenhauses. Mit der Ost-West-Orientierung, der Unterteilung in Wohn- und Stallteil sowie der Reetbedeckung weisen sie schon die Grundbestandteile späterer Häuser auf. Als Wandmaterial dienten zunächst Kleisoden, später Flechtmatten, die mit Klei oder Lehm beworfen wurden. Die Häuser standen einzeln oder in größeren Siedlungen auf der höheren Geest

der Insel, vornehmlich im Raum Archsum und Morsum. Die Besiedlungs-
dichte wird zur römischen Kaiserzeit ihren Höhepunkt erreicht haben, in
der darauffolgenden Völkerwanderungszeit wiederum fand eine deutli-
che Abnahme der Bevölkerung auch auf Sylt statt.

Auch die drei *Ringburgen* auf Sylt (Archsum-Burg, Tinnumburg und
Rathsburg) scheinen neueren Forschungen zufolge der römischen Kaiserzeit zu entstammen. Welchen Zweck sie erfüllten, ist bis heute nicht endgültig geklärt. Waren es Fluchtburgen für die Bevölkerung, strategische
Anlagen oder versuchte man, innerhalb der Wälle Salz zu gewinnen? Vermutungen gibt es genug, fest steht nur, daß alle genannten Burgen (auch
weitere in Dänemark sowie die Lembecksburg auf Föhr) folgendes gemeinsam haben: Sie lagen geschützt weit ab von der Küste an schiffbaren
Prielen unmittelbar vor dem Geestrand. Wir werden die Tinnumburg
auf unserer Fahrradtour durch Sylt-Ost besteigen (siehe S. 100f.), doch
des Rätsels Lösung – so fürchte ich – auch vor Ort nicht finden.

Ein Fund aus der Wikingerzeit sei noch erwähnt, der auch in geologischer
Hinsicht interessant erscheint: 1937 entdeckte man westlich des heutigen
Ortes List einen Münzschatz mit (u. a.) 565 englischen Münzen aus der
Zeit von 1000 bis 1020; sie befinden sich heute im Landesmuseum für Vor-
und Frühgeschichte in Schleswig. Es handelt sich um sogenanntes „Dä-
nengeld": Der damalige englische König Äthelred zahlte es an dänische
Wikinger, um endlich von ihnen in Ruhe gelassen zu werden. Den Geologen lieferte der Fund den Nachweis, daß dieser nördliche Teil der Insel
auch schon um die Jahrtausendwende bestand. Die graue Vorzeit endet
mit der Einwanderung der Westfriesen im neunten Jahrhundert. Gemeinsam mit kleineren Gruppen von Wikingern sind sie als die Vorfahren der
heutigen Sylter anzusehen. Rasch übernahmen die Friesen, die sich auf
die Kunst des Deichbaus verstanden und so zu Beherrschern der fruchtbaren Marschen wurden, die führende Rolle.

Dänen, Preußen und Touristen –
Anmerkungen zur jüngeren Vergangenheit

Die Anfangsphase der jüngeren Sylter Geschichte ist durch große Lücken gekennzeichnet. Erste urkundliche Erwähnungen der Insel stammen aus dem 12. und 13. Jahrhundert; bekannt ist das Erdbuch des Königs Waldemar II., aus dem hervorgeht, daß „Sild" ein verfassungsrechtlicher Bestandteil des dänischen Staates war.

Die Bezeichnung Sild (dänisch: Hering), die zu der Zeit offensichtlich recht intensiv betriebene Heringsfischerei sowie ein aus dem 18. Jahrhundert stammendes Wappen der Insel mit einem Fisch führen zu der wohl geläufigsten Deutung des Namens Sylt. Sal, die alte friesische Bezeichnung der Insel, könnte jedoch – etwas Phantasie vorausgesetzt – ebenso zur Erklärung des heutigen Namens herangezogen werden wie die frühe urkundliche Erwähnung eines Silands (Seeland).

Im Frieden zu Wordingsborg von 1435 wurde die Zugehörigkeit der Insel zum Herzogtum Schleswig festgelegt, nur das Listland blieb königlich. Die Herzogtümer Schleswig und Holstein waren durch Personalunion mit dem Königreich Dänemark verbunden. Nach deren Teilung im Jahre 1490 fiel Sylt den Gottorper Herzögen zu, und es begann eine unruhige Zeit für die Sylter, da sowohl der König wie auch der Herzog versuchten, Steuerleistungen zu erzwingen oder Männer für Flotte und Heer zu verpflichten. Bittschriften aus dieser Zeit belegen die Armut der Bevölkerung, die durch Sturmfluten und umfangreiche Sandverwehungen noch verstärkt wurde. Außerdem kam es immer wieder zu kriegerischen Auseinandersetzungen, beispielsweise im Mai 1644, als Dänenkönig Christian VI. eine Seeschlacht zwischen der übermächtigen schwedisch-holländischen und der dänischen Flotte für sich entscheiden konnte. (Der Lister Königshafen soll daher seinen Namen tragen.) Erst 1721 endete die Herrschaft der Gottorper, und Sylt wurde bis 1864 wieder Teil des dänischen Gesamtstaates.

Neben dem Ackerbau trug die Heringsfischerei in den Anfangsjahren der dänischen Herrschaft zum kläglichen Lebensunterhalt der Insulaner bei. Die Armut der Sylter führte in diesen Jahrhunderten immer wieder zu illegalen Aktionen. Man lockte beispielsweise durch Strandfeuer Schiffe an, um sie anschließend zu kapern, und schon im 15. Jahrhundert mußten die Strandvögte ein Verbot der Seeräuberei aussprechen.

Die Situation änderte sich erst, als gegen 1600 der Wal- und Robbenreichtum der Barentsee bekannt wurde und bald darauf die Holländer erste

Fangfahrten starteten. Die seefahrtserfahrenen Inselfriesen wurden wegen ihrer Seetüchtigkeit bevorzugt angeheuert, und schon 1642 hatten es die ersten Sylter zu Kapitänen gebracht. 1729 waren es gar 20 „Commandeure", die wiederum einen Großteil der Mannschaft von ihrer Heimatinsel mitnahmen. Einerseits flossen nun erstmals größere Gelder auf die Insel, andererseits bedeutete die neue und gefahrvolle Beschäftigung eine acht- bis neunmonatige Abwesenheit eines Großteils der männlichen Bevölkerung, ferner deren sichtbare Dezimierung: Bei einer Volkzählung im Jahre 1803 lebten 2674 Einwohner auf Sylt, davon 1121 männlichen und 1553 weiblichen Geschlechts. Während der Abwesenheit der Männer versorgte die Frau Haus und Hof und griff auch schon mal zur Forke, um sich gegen fremde Übergriffe zur Wehr zu setzen.

Die Entlohnung der seefahrenden Friesen erfolgte anteilig je nach Fangerfolg. Da die Fänge insbesondere im 18. Jahrhundert beträchtlich waren, entstanden – vornehmlich in den Sylter Ostdörfern – einige wohlhabende Friesenhäuser (sogenannte Kapitänshäuser), die noch heute durch ihre architektonische Harmonie und schlichte Schönheit den Betrachter in ihren Bann ziehen.

Wesen und Charakter des heutigen Sylters (dieser muß – strenggenommen – seinen Stammbaum auf Sylt bis in die Walfängerzeit zurückführen können) sind in jener Zeit maßgeblich beeinflußt worden. Ferner brachten die Seefahrer Impulse aus anderen Kulturen mit nach Hause, die das Geistesleben der bisher abgeschieden lebenden Insulaner merklich auffrischten.

In den ersten Jahrzehnten des 19. Jahrhunderts ging diese ruhmreiche Epoche der Sylter Geschichte mit dem Niedergang des Walfangs zu Ende. Viele der ehemaligen Walfänger fanden nun auf Handelsschiffen Brot und Arbeit, was in der Folge nicht nur monatelange, sondern oft jahrelange Abwesenheit bedeutete.

In Westerland vollzog sich ab Mitte des 19. Jahrhunderts der wohl durchgreifendste wirtschaftliche und soziale Wandel, den die Insel je erlebt hatte: Mit dem Einsetzen des Fremdenverkehrs begann diese jüngste Epoche Sylts, die noch heute immer neuen Höhepunkten zustrebt.

Wegen der fernen Lage und der schweren Erreichbarkeit begann die Entwicklung des Fremdenverkehrs auf Sylt erst zu einem Zeitpunkt, als Bäder wie Norderney, Helgoland und Wyk auf Föhr schon längst in aller Munde waren. Die ersten Reisenden, die in den 40er und 50er Jahren des letzten Jahrhunderts auf Sylt erschienen, beurteilten in ihren Berichten die insularen Natur-, besonders aber die Strandverhältnisse derart positiv, daß alle dem Fremdenverkehr abträglichen Verhältnisse, wie der völlige Mangel an Unterkünften und Servicepersonal, im Rahmen des allgemeinen Aufschwungs bald vergessen waren. Man konnte – allen Einwänden zum Trotz – gar nicht so schnell bauen, wie es der ständig zunehmende Gästestrom erforderte.

Westerlands Ortskern, ursprünglich um die kleine Dorfkirche St. Niels herum gelegen, verlagerte sich weit nach Westen, dem natürlichen Wunsch der Badegäste nach einer Unterbringung in Strandnähe folgend. Mit dem Bebauungsplan von 1891 entstand der heute noch existierende Grundriß des neuen Westerlands, dessen rasante Entwicklung das einst ärmliche Dorf längst zur Metropole der Insel hatte werden lassen.

1895, nur 40 Jahre nach der Gründung des Seebads Westerland, wurden bereits über 10 000 Gäste pro Saison gezählt, noch vor dem Ersten Weltkrieg waren es dreimal soviel. Nach dem Bau der Inselbahn wurden die anderen Orte an der Westküste der Insel in den durchgreifenden Wandel einbezogen; die fremdenverkehrswirtschaftliche Erschließung der Ostdörfer dagegen fand erst später statt.

Der Erste und Zweite Weltkrieg ließ die Abhängigkeit der Sylter vom Fremdenverkehr besonders in Krisenzeiten deutlich werden. Aber es gelang – trotz der abrupten Veränderung der Gästestruktur, die Westerland zum „Volksbad" werden ließ –, die Übernachtungszahlen weiter zu steigern.

Ein bedeutsamer Schritt in der Entwicklung zum heutigen Tourismus war der seit wilhelminischen Zeiten geplante, dann 1923 begonnene Bau des Hindenburgdamms, auf dem zur Saison 1927 die ersten Gäste anreisten. Die Zusage zum Dammbau darf als politisches Instrument angesehen werden, die Insulaner bei der Volksabstimmung 1920 zu einer Votierung für Deutschland zu bewegen.*

Damit war das Problem der schweren Erreichbarkeit Sylts endgültig gelöst, so daß dem weiteren Ausbau nach dem Zweiten Weltkrieg nur die mittlerweile veraltete wilhelminische Bausubstanz im Wege stand. Daß man auch dieses Handikap mit Gründlichkeit anging, zeigt ein Spaziergang durch den heutigen Ort Westerland, insbesondere in dessen seewärtigen Bereichen, die – einmal vermittelnd ausgedrückt – von der phantasielosen Architektur der 60er und 70er Jahre geprägt sind.

Nach der boomhaften Entwicklung des Fremdenverkehrs in den 60er Jahren mit allen negativen Folgen – insbesondere für die Natur der Insel –

* Nach dem Versailler Vertrag sollte per Volksabstimmung entschieden werden, ob sich die Bevölkerung Nordschleswigs (Zone 1) und Mittelschleswigs (Zone 2; dabei auch Sylt) mehr zu Dänemark oder zu Deutschland hingezogen fühlte. Nachdem die Zone 1 per Abstimmung vom 10. Februar 1920 bereits an Dänemark gefallen (und Sylt damit seiner Zuwegung über Land – Hoyer – nahezu beraubt) war, entschieden sich am 14. März 1920 über 88% der wahlberechtigten Sylter für einen Verbleib bei Deutschland.

48

versuchte man, durch Unterschutzstellung weiter Gebiete sowie einer strengeren Bauordnung die Verhältnisse in den Griff zu bekommen. Als so die Bebauung in Höhe und Breite eingedämmt war, verlagerte sich die Entwicklung in die Ostdörfer der Insel, die durch ganze Straßenzüge der bekannten „Landhäuser im Friesenhausstil" nun ebenfalls ihr altes Gesicht verloren haben.

Die zukünftige Entwicklung des Fremdenverkehrs und damit der Insel Sylt wird einerseits davon bestimmt werden, wie diese durch Überfremdung und mangelnde Umweltmoral verursachte Gesichtslosigkeit von den Gästen aufgenommen wird. Andererseits werden immer überörtliche Verhältnisse eine Rolle spielen, wie die allgemeine wirtschaftliche Entwicklung oder auch der Zustand der Umwelt, sprich: der Nordsee.

Wie steht's mit dem Brauchtum?

Im Jahre 1961 notierte der Sylter Chronist Henry Koehn in seinem noch heute gültigen Standardwerk *Die Nordfriesischen Inseln:* „Bedauerlicherweise schwindet durch Überfremdung und Zivilisierung heute leider, wie überall, so auch auf den Nordfriesischen Inseln die volkstümliche Eigenart mehr und mehr."

Er konnte damals nicht ahnen, welche Ausmaße die Überfremdung noch annehmen würde. Daß beispielsweise ganze Sonderzug-Ladungen von Großstadtmenschen das traditionelle Biikebrennen (glücklicherweise nur in Westerland!) zu einem touristischen Großereignis verkommen lassen würden. Daß Keitumer Kinder sich vor lauter gaffenden (Entschuldigung!) Fremden nicht mehr trauten, ihre Ostereier in die Luft zu werfen. Daß die Ringreiter in der Westerländer Friedrichstraße wie ein lebendiger Anachronismus durch die Menschenmassen zögen.

Mir scheint, daß die „volkstümliche Eigenart" der Insel längst der Vermarktung anheimgefallen ist. Einmal abgesehen davon, daß außer der Sylter friesischen Sprache kein spezifisch insulares Brauchtum mehr anzutreffen ist – die im folgenden genannten Spiele, Feiern und Bräuche finden sich auf den anderen Inseln, zum Teil auch auf dem Festland und in ganz Schleswig-Holstein wieder –, sollte der Gast statt Neugier wirkliches Interesse bekunden. Wer, statt ein gesichtsloses Apartment als Unterkunft zu wählen, sich privat bei einer echten Sylter Familie einlogiert, wird auch heute noch deren „Eigenarten" erkennen.

▷ Das *Apsetten* (Aufsitzen): Man mag es als etwas „ganz Natürliches" ansehen, daß man sich im Vor-Fernsehzeitalter an langen Winterabenden traf, um zusammenzusitzen und zu klönen. Doch hatten diese wechselseitigen Besuche, das gegenseitige Apsetten, durchaus rituellen Charakter. Die Frauen kratzten Wolle, es wurde gesponnen und gestrickt. Oft waren die Männer ja außer Haus, insbesondere zur Zeit der Handelsseefahrt im 19. Jahrhundert, ansonsten spannen sie eifrig mit: Seemannsgarn nämlich! Oder sie flochten Dachreep, die ständig benötigten Strandhaferstricke für den Reetdachbau.

Diese Abende werden gemütlich gewesen sein in den kleinen Friesenstuben, wenn draußen der Wind heulte und drinnen die Luft von Tabakrauch und dem Duft heißen Grogs geschwängert war. Was heißt eigentlich „war"? Das Aufsitzen wird auch heute noch gepflegt, aber nur in den Ostdörfern der Insel: Zwar gibt es keine Öllampen mehr, zwar sind die Gesprächsinhalte andere geworden, aber die friesische Sprache lebt hier weiter, und der Grog, der schmeckt schließlich immer noch!

▷ *Biikebrennen* und *Petritag:* Jedes Jahr lodern auf Sylt am 21. Februar neun Biikefeuer auf. Und dies geschieht – mit wechselnder Zahl und Größe und vor verschiedenem geistigen und materiellen Hintergrund – schon seit Jahrhunderten so. Die Ursprünge des Biikebrennens führen weit in die Nebel der Vergangenheit zurück, so weit zumindest, daß man christliche Einflüsse ausschließen muß.

Der Chronist C. P. Hansen äußert sich dazu 1859 folgendermaßen: „Die Keitumer (auch die übrigen Sylter, Anm. d. Verf.) der alten Zeit scheinen in der Tat sehr eifrige Verehrer der altnordischen Gottheiten gewesen zu sein. Sie opferten auf heiligen Hügeln dem Weda und Thor sowie der Todesgöttin Hel. Im Nordwest auf einer Anhöhe nahe dem Dorfe liegt noch ein Rest des alten Opfer- oder Biikenhügels ‚Winjshoogh‘ oder Wednshügel. Er war dem Wedn, Weda oder Wodan (vielleicht auch identisch mit dem dänischen Odin) geweiht. Die Friesen dachten sich den Weda als den obersten Kriegsgott, der den Seekriegern nicht allein Glück in Schlachten, sondern auch guten Wind auf ihren Fahrten gab. Sie opferten ihm, ehe sie im Frühjahr ihre Seezüge antraten, auf den Wedns- oder Winjshügeln Teertonnen, zündeten ein großes Strohfeuer am Abend vor dem 22. Februar auf diesen Hügeln an, tanzten rings um das Feuer und riefen oder sangen: ‚Vikke tare! Vikke tare!‘ (lieber Weda, zehre; nimm unser Opfer an!).“

In den Jahrhunderten seit 1600, als die Walfänger alljährlich im Frühjahr auf ihre gefährlichen Fangfahrten auszogen, galten die Biikefeuer der Vertreibung des Winters, sollten die lodernden Flammen den Scheidenden ein Abschiedsgruß sein. Am kommenden Tag wurde ein Thing abgehalten, eine letzte Zusammenkunft zur Regelung aller anstehenden Rechtsfragen, bevor am Abend das große Abschiedsfest gefeiert wurde. Im 20. Jahrhundert erging man sich mehrfach in nationalistischen Auslegungen der Feier. So schreibt Hanns Koch im Jahre 1908: „Nationale Begeisterung hat die Flammenstöße der Biiken gen Himmel lodern lassen, als die Österreicher im Jahre 1864 auf die Insel kamen, im Verein mit den Preußen die Nordmark vom Dänenjoch zu befreien, und mehr noch, als einige Jahre später im deutschen Einheitskrieg die Würfel bei Sedan gefallen waren und Napoleon, der Franzosenkaiser, Gefangener des Königs von Preußen wurde.“

In jüngerer Zeit wird versucht, das Biikebrennen als ältesten Volksbrauch

zu erhalten: Weiterhin untersteht es (zumindest in den kleineren Gemeinden) den Konfirmanden, das Biikematerial zu sammeln, zu schichten und
zu bewachen. Denn überliefert ist auch das Recht, Feuerüberfälle zu unternehmen, was peinlich enden kann – eine frühzeitig abgebrannte Biike
ist eine Schmach für die ganze Gemeinde.

Am Tag darauf wird das Petrifest gefeiert, und das Schulfrei ist allein
schon Grund genug, einmal ordentlich auf die Pauke zu hauen.

▷ *Eierwerfen:* An den Osterfeiertagen gehört es für die Kinder zu einem
großen Spaß, in den Marschwiesen oder am Kliff zum Eierwerfen anzu-
treten. Gefragt sind betonhart gekochte Eier mit einer festen Eierschale,
so wie sie nur Sylter Hühner zustande bringen. Nun werden in kleinen
Gruppen Wettkämpfe ausgetragen: Wessen Ei am höchsten fliegt und
dennoch heil bleibt, der hat gewonnen!

▷ *Ringreiten:* Ein schöner Brauch von spektakulärem Charakter ist das
alljährlich stattfindende Ringreiten, das vom 1861 gegründeten Ringrei-
terkorps auf dem Platz am Keitumer Friesensaal ausgetragen wird. Von
ausreichend „Zielwasser" angeregt, versuchen Dorfhonorationen jeglicher Couleur, einen an einem gespannten Seil aufgehängten Messingring
mittels einer Holzlanze vom galoppierenden Pferd aus zu durchbohren.
Das Spiel kennt drei Ringe verschiedener Größe. Wer alle drei Ringe ge-
troffen hat – und das trotz hochprozentigem Zielwasser –, ist Gewinner.
Der Over-All-Sieger wird zum Ringreiterkönig gekürt und muß im kommenden Jahr mit Kapelle und Schnätterätäng von zu Hause abgeholt und
über die halbe Insel begleitet werden. Da bisher am Ringreiten nur Männer teilnehmen durften, hat sich in jüngster Zeit ein Amazonenkorps kon-
stituiert...

▷ *Rummelpott:* Dieses im Norden Deutschlands weitverbreitete Ritual
wird heute, vornehmlich in den Sylter Ostdörfern, nur noch von Kindern
und Jugendlichen betrieben.

Am Altjahrsabend versammeln sie sich in kleinen Gruppen, maskiert und
geschminkt, um singend und scherzend einen Zug durch die Gemeinde zu
unternehmen und hier und da ein Ständchen zu bringen (...und ein paar
Mark zu kassieren).

▷ *Die Friesische Sprache:* Noch heute wird Söl'ring von acht bis zehn Prozent der Sylter Bevölkerung – meist allerdings nicht mehr als Umgangs-
sprache – gesprochen; besonders in den Ostdörfern Archsum und Morsum hört man es noch häufig. Söl'ring ist die Sylter Mundart des Nordfriesischen. Das Sylter Friesisch ähnelt dem von Föhr und Helgoland etwa so

wie das Dänische dem Schwedischen, unterscheidet sich aber so sehr von einigen Dialekten der Halligen und des Festlands, daß eine Verständigung kaum möglich ist. Dies ist auch der Grund, warum keine gemeinsame Schriftsprache existiert. Eine Sprache dieser Art – und im Gegensatz zum Plattdeutschen ist Friesisch eine völlig selbständige Sprache – ist unter heutigen Bedingungen fast zum Aussterben verurteilt. Infolge der starken Überfremdung der Insel durch den Fremdenverkehr und die nach den Kriegen Zugezogenen nimmt die Zahl der Friesisch Sprechenden weiter ab. Man hat diese Situation erkannt und Volkshochschulkurse eingerichtet, die sich – auch bei Neu-Syltern – großer Beliebtheit erfreuen. Regelmäßige friesische Beiträge in der „Sylter Rundschau" tragen zum Erhalt der Sprache bei. An der Universität in Kiel gibt es neuerdings einen Lehrstuhl für Friesisch, und auch das Nordfriesische Institut in Bredstedt versucht, die Besonderheiten der Sprache zu ergründen und sie in Vorträgen und Kursen zu verbreiten. Wichtiger denn je wird in Zukunft die Vermittlung der friesischen Sprache an Kinder und Jugendliche sein, denn selbst Friesisch sprechende Eltern halten häufig aus Angst vor Benachteiligungen in der Schule die Sprache von ihren Kindern fern.

Insgesamt jedoch läßt sich von einer „Renaissance" des Friesischen sprechen, die zum großen Teil der Arbeit einiger Heimatvereine zu verdanken ist.

Folgende Doppelseite: Ringreiten in Keitum: Sieg und Niederlage liegen fingerdick nebeneinander.

Die Insel lebt von ihren Feinden – der Schutz der Natur

Auf einer vom Tourismus derartig „heimgesuchten" Insel wie Sylt ist ein wohlfunktionierender Naturschutz eine Überlebensnotwendigkeit. Man stelle sich nur die hochsommerliche Bevölkerungskonzentration von schätzungsweise 1300 Einwohnern pro Quadratkilometer vor, ein Wert, der fünfmal höher liegt als im Bundesdurchschnitt, und auf der anderen Seite extrem sensible Landschaften wie Dünen, Heiden und Wattufer, wo ungelenkte Spaziergänger (kann man tatsächlich noch sagen, wider besseres Wissen?) in der Pflanzenwelt wahre Verwüstungen, in der Tierwelt Unruhe und Zerstörung verursachen.

Die Folgen sind jährliche Dünenschäden in Höhe von Hunderttausenden, das fast völlige Verschwinden der Brutvogelwelt, zahllose, nicht immer nur kleine Schäden in den Heidegebieten und an den Wattufern der Insel. Die Naturschutzgemeinschaft Sylt, betreuender Verein des Morsum-Kliffs und der Braderuper Heide, weiß ein Lied davon zu singen. Ihre vorausschauenden Vorgänger, Ferdinand Avenarius und Dr. Knud Ahlborn, waren es, unter deren Initiative bereits im Jahr 1923 die beiden größten Naturschätze der Insel, das Listland (heute *Naturschutzgebiet Nord-Sylt)* und das *Morsum-Kliff,* unter Naturschutz gestellt wurden. Ein Jahr darauf gründeten sie den Verein Naturschutz Sylt, der sich neben der bereits 1907 ins Leben gerufenen Söl'ring Foriining (welche sich vornehmlich dem Erhalt des Sylter Brauchtums und der friesischen Sprache widmete) des Schutzes der Insel annahm. Diese gar nicht hoch genug einzuschätzenden Bestrebungen verhinderten frühzeitig die sonst zweifellos erfolgte Bebauung des Listlands, die ungezügelte Ausuferung der Ortschaften und den Ausbau von Straßen und Parkplätzen und trugen so dazu bei, die schönsten Landschaften der Insel für die Nachwelt (das heißt: für uns) zu erhalten, „Erholungsgebiete" für Pflanzen und Tiere zu schaffen, um die Eigenart der wilden Sylter Landschaft zu bewahren.

In den 60er und insbesondere in den 70er Jahren kamen weitere Gebiete dazu, so daß heute nahezu alle Dünenlandschaften Sylts außerhalb der bebauten Ortsteile unter Naturschutz stehen; zumindest ihre Bebauung ist nun nicht mehr möglich.

Nach dem Landschaftspflegegesetz werden private Vereine benannt, die die Betreuung der unter Schutz gestellten Gebiete zum Teil mit Hilfe von Zivildienstleistenden übernehmen. Häufig kommt dabei nur der – alljährlich zu erstellende – Betreuungsbericht heraus, denn ein wirksamer

Schutz vor dem Menschen ist, schon aus Personalgründen, nicht gewähr- leistet. Als optimal betreutes Gebiet darf heute das Morsum-Kliff gelten (aufgrund seiner nur geringen Größe ist es gut überschaubar), als Pro- blemkind die Dünenlandschaft des Naturschutzgebiets Nordsylt, wo be- sonders im Bereich des Ellenbogens allsommerlich ein kaum gelenkter Besucherstrom die Dünen zerstört.

In den letzten Jahren wurde erfolgreich der Einsatz von Landschaftswar- ten erprobt, die – im Gegensatz zu den Betreuern der Naturschutzvereine – auch „Vollstreckungsbefugnisse" haben. Die Dünenschänder nahmen daraufhin in den betroffenen Gebieten deutlich ab. Heute werden die zehn Naturschutzgebiete der Insel von vier verschiedenen Vereinen be- treut, von Norden nach Süden:

Folgende Doppel- seite: Die zierliche Dünenrose zählt zu den botanischen Ra- ritäten der Sylter Dü- nenwelt und steht unter Naturschutz. Nur an wenigen Stel- len durchbricht sie die dichten Polster der Krähenbeere und zeigt im Frühsommer ihre hübschen weißen Blüten.

Name des Naturschutzgebietes	Jahr der Unter- schutzstellung	Größe ha	Betreuender Verein
Nordsylt	1923	1790	Söl'ring Foriining e. V., Am Kliff 19 (Heimatmuseum), 2280 Keitum, Tel. 04651/32805
Kampener Vogelkoje	1935	4,5	
Nielönn	1979	64	
Dünenlandschaft auf dem Roten Kliff	1979	177	
Braderup-Heide	1979	137	Naturschutzgemeinschaft Sylt e. V., 2280 Wenningstedt, Tel. 04651/41193
Morsum-Kliff	1923	43	
Rantum-Becken	1962	568	Verein Jordsand e. V., Eidum Vogelkoje, 2280 Westerland Tel. 04651/5812
Baakdeel	1979	242	Söl'ring Foriining e. V.
Rantumer Dünen	1973	397	
Hörnum-Odde	1972	157	Schutzstation Wattenmeer e. V., Steintal, 2284 Hörnum, Tel. 04653/1093

Neben einigen sogenannten Landschaftsschutzgebieten von untergeord- neter Bedeutung sei besonders auf den im Oktober 1985 eingerichteten *Nationalpark Schleswig-Holsteinisches Wattenmeer* hingewiesen, dessen Betreuung das in Tönning ansässige Nationalparkamt und die Schutzsta- tion Wattenmeer übernommen haben: Alle auf Sylt ansässigen Natur- und Umweltschutzvereine (außer dem Deutschen Bund für Vogelschutz und Greenpeace) unterhalten sogenannte Informationszentren, bemü- hen sich also nicht nur um „konservierenden Naturschutz", sondern auch

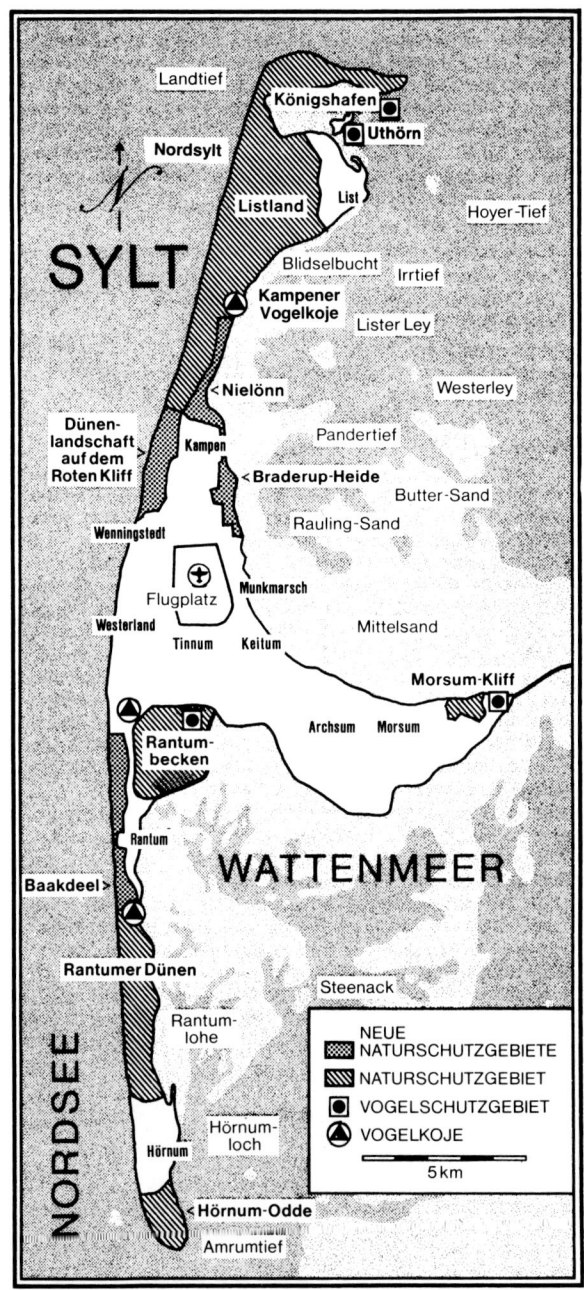

um Aufklärung der Öffentlichkeit. Darüber hinaus bieten sie Watt-, Dü-
nen-, Kliff-, Heide- und Strandwanderungen an, auch Spezialführungen
mit ornithologischen, botanischen oder geologischen Schwerpunkten.
Teilnehmer erhalten fundierte Kenntnisse der Sylter Natur, die ihnen in
dieser Form kein Buch bieten kann. Der kleine Spendenobolus, der dafür
eingesammelt wird, dient direkt dem weiteren Erhalt der Sylter Landschaft.

Informationszentrum	Adresse	Veranstaltungen
Biologische Station List	Bund für Lebensschutz, Prof. Dr. H. Bruns, Am Hafen, 2282 List, Tel. 04652/1385	Wattführungen und ornitho-logische Wanderungen im Königs-hafen, Vorträge
Vogelkoje Kampen	2285 Kampen, Tel. über Söl'ring Foriining, 04651/32805	Führungen durch die Vogelkoje, Vorträge
Naturzentrum Braderup	2280 Wenningstedt-Braderup, M.-T.-Bucholz-Stig, Tel. 04651/44421	Watt- und Heideführungen, Führungen am Morsum-Kliff, Vorträge
Eidum Vogelkoje	Eidum Vogelkoje, 2280 Westerland, Tel. 04651/5812	Führungen durch die Vogelkoje und das Rantum-Becken, Vorträge
Schutzstation Wattenmeer	Informationszentrum Schutzstation Wattenmeer, Steintal, 2284 Hörnum, Tel. 04653/1093	Wattführungen, Führungen um die Südspitze, Hallig-Exkursio-nen, Vorträge

Greenpeace veranstaltet außerdem in Zusammenarbeit mit den Städtischen Kurbetrieben Westerland regelmäßig Film- und Diavorträge zu
Umweltschutzthemen.

Im Jahr 1886 nahm
Paul Ebe Nickelsen,
ein bekannter Sylt-
Fotograf der damali-
gen Zeit, die Mühle
oberhalb des Munk-
marscher Hafens auf.
Sie wurde längst ab-
gerissen, aber die
Keitumer Kirche im
Hintergrund sowie
das im linken Bildteil
angeschnittene Haus
der Familie Prott las-
sen ihre Lage deut-
lich werden. Das
Bild vermittelt einen
faszinierenden Ein-
druck von der ur-
sprünglichen Offen-
heit der Sylter Land-
schaft sowie vom Zu-
stand der „Verkehrs-
wege", mit denen
sich auch die frühen
Sylt-Gäste anzufreun-
den hatten. Nur zwei
Jahre später herrschte
rege Bautätigkeit in
diesem entlegenen
Teil der Insel: Die
Sylter Ostbahn
wurde eingeweiht,
um die per Schiff an-
reisenden Gäste be-
quemer nach Wester-
land zu befördern.

Sylt um die Jahrhundertwende – das bedeutete für viele Einwohner einfache Lebensführung und zahlreiche Entbehrungen abseits der Segnungen des Weltbad-Tourismus`. Im Bild der Kojenwärter Jens Jensen gemeinsam mit Inken Michels bei der täglichen Arbeit vor einem Haus in Westerland-Süderende.

Typisches Kennzeichen alter inselfriesischer Häuser ist der sogenannte Spitz- oder Friesengiebel. Die Luke oberhalb der „Klöntür" diente zum Einladen von Heu und Stroh, das wiederum zu einer besseren Isolation der darunter gelegenen Wohnräume beitrug. Zur Abdichtung des Dachfirstes benutzte man Grassoden, die mit Holzpflöcken befestigt wurden.

Das Haus „Solbak-
ken" im Keitumer
Frachtenstegelk zwi-
schen Pröstwai und
Kirchenweg zählt
noch heute – nach
unlängst erfolgter
Renovierung – zu
den Prunkstücken
altfriesischer Bau-
kunst. Wegen der
versteckten Lage und
des geduckten Bau-
stils ist es vielen Sylt-
Freunden unbekannt.

Das revolutionäre Westerländer Familienbad, skandalträchtiger Mittelpunkt kaiserzeitlicher Badefreuden, entstand 1902 in der Tabuzone zwischen Damenbad im Süden und Herrenbad im Norden. Junggesellen und Fotografen hatten keinen Zutritt! Die Kleiderordnung unterstand einem strengen Sittenprotokoll, Muster der vorgeschriebenen Badeanzüge lagen öffentlich aus. Wer etwas auf sich hielt, war natürlich Nichtschwimmer: So traute man sein Leben festen Rettungsseilen an, die vom hilfreichen Badepersonal seeseitig mit einem Anker abgesichert wurden.

Beachlife Anno dazumal: Strandburg, ausreichender Fahnenschmuck und natürlich ein Strandkorb gehörten dazu. Sonnenbräune allerdings war nicht erwünscht. Statt dessen gab man sich – auch aus moralischen Gründen, versteht sich – zugeknöpft und nutzte die zur Verfügung stehende Zeit zu repräsentativen Zwecken.

Nach dem erquicken-
den Bad versammelte
man sich auf der
Wandelbahn vor den
Strandhallen, dem
hölzernen Vorläufer
der heutigen Kurpro-
menade, übte Kon-
versation oder
lauschte der Kurmu-
sik vor der neuen,
nun nach Osten ge-
öffneten Musikmu-
schel. Sehen und ge-
sehen werden: Dieses
magische Spiel des
Sylt-Touristen hat bis
heute nichts an Reiz
verloren.

Im Jahr 1888 wurden die Straßen (besser: Wege) Westerlands mit Namen versehen: Mit der Benennung der Friedrichstraße wird nicht etwa eine hochgestellte politische Persönlichkeit gewürdigt – sie geht auf zwei Grundstückseigentümer mit Vornamen Friedrich zurück, die ihr Land kostenlos zum Ausbau der Straße zur Verfügung stellten. Das Foto, knapp 20 Jahre später aufgenommen, zeigt den oberen Teil der Straße mit dem noch heute existenten Turm der Seeburg. Am östlichen Ende der Friedrichstraße, dem heutigen Platz der Wilhelmine, erhob sich damals der mächtige Bau des Hotels Zum Deutschen Kaiser.

Die Strandstraße hatte sich innerhalb von wenigen Jahren zu Westerlands Flaniermeile Nummer eins entwickelt. Das Foto – etwa 1910 aufgenommen – zeigt den strandnahen Teil mit den charakteristischen Holzbuden der Fotografen sowie dem wuchtigen Gebäude des Hotels Atlantic. Das Ausmaß der „Umgestaltung" des Ortsbildes ist beträchtlich: Von den abgebildeten Häusern hat lediglich das Hotel Lieselotte an der Ecke zur Elisabethstraße bis in unsere Tage überlebt.

Die Bewohner der Sylter Westküstenorte verstanden es, auch aus der kargen Dünenwelt wirtschaftlichen Nutzen zu ziehen, beispielsweise durch Schafzucht, das Schneiden von Strandhafer und den Ausbau von Vogelkojen. Das Foto stammt von Paul Ebe Nickelsen und zeigt eine Szenerie in Höhe des Wenningstedter Denghoogs um 1890. Im Hintergrund der Kampener Leuchtturm und ein mächtiges Hünengrab, das heute nicht mehr existiert.

75

Der Bau der Nord-
bahn, des letzten
Teilstücks des Sylter
Eisenbahnnetzes,
wurde 1903 in An-
griff genommen. Zu-
nächst baute man
den Schienenstrang
über Wenningstedt
bis nach Kampen,
dann, im Jahr 1908,
bis nach List. Bis
zum Bau der Straße
im Jahr 1925 blieb
sie die einzige Ver-
bindung zwischen
den genannten Orten
und erfüllte ihren
Dienst bis 1970.

Gemäß der Konzeption dieses Reisebuches soll der Leser die Möglichkeit erhalten, sich auf ausgewählten Touren und Wanderungen direkt vor Ort mit Geschichte, Kultur und Natur der Insel auseinanderzusetzen.

Dabei dienen die Fahrradtouren dazu, einen ersten Überblick zu gewinnen, während die Wanderungen – naturgemäß – ins Detail gehen. Kombinationen sind möglich: Beispielsweise empfiehlt es sich – ausreichende Kondition vorausgesetzt –, die Fahrradtour nach Hörnum mit der Südspitzenwanderung zu verbinden. Ebenso bietet es sich an, auf der Fahrradtour durch die Sylter Ostdörfer die Wanderung durch Keitum „mitzunehmen". Das gleiche gilt für die Tour nach List mit der Möglichkeit einer Listland-Wanderung. Die Ausgangspunkte der Wanderungen werden jeweils auf den Fahrradtouren berührt und angekündigt. Auf eigenem Fahrrad fährt es sich natürlich am besten, andererseits stehen über 30 Fahrradverleihe in den Inselorten zur Verfügung (siehe Anhang).

Bei langen Wanderungen oder Radtouren ist die geeignete Kleidung für ein Gelingen sehr wichtig. Je nach Jahreszeit und Wetterlage empfiehlt sich die Mitnahme eines kleinen Rucksacks, in dem ein wärmerer Pullover und ein Regenüberhang nicht fehlen sollten. Grundsätzlich sei luftdurchlässige Kleidung aus Wolle empfohlen, der „Friesennerz" ist – trotz seiner Popularität – für derlei Zwecke ungeeignet. Strandwanderungen sollten generell bei Niedrigwasser (wegen der besseren Begehbarkeit des Strandes) und – zwischen Mai und September – barfuß unternommen werden.

Natürlich spielt das Wetter eine große Rolle bei den geplanten Touren! In aller Regel ist es recht wechselhaft, so daß es unsinnig ist, unbedingt – trotz Herannahen eines ausgedehnten Regengebietes – eine geplante Tour durchziehen zu wollen. Bleiben Sie flexibel und verlängern oder verkürzen Sie die Tour je nach Wetterlage. Nur so ist der optimale Effekt erreichbar.

Die meisten der vorgeschlagenen Routen verlaufen nur in eine Richtung, die Rückkehr bleibt Ihnen (absichtlich) überlassen, damit Sie vieles auf eigene Faust erkunden können.

Radtour Westerland–Hörnum: auf den Spuren der Inselbahn

Wir starten bei der Kultfigur des Sylter Badelebens, der *Wilhelmine,* am östlichen Ende der Friedrichstraße (siehe Spaziergang durch Westerland) und folgen der *Maybachstraße* an der Nikolai-Kirche vorbei in Richtung Süden. Für Radfahrer ist diese Straße, zumindest in der Hochsaison, kein Vergnügen, so biegen wir bei der nächsten Gelegenheit in die *Käpt'n-Christiansen-Straße,* die ehemalige „Damenbadstraße", ein. In sittenstrengeren Zeiten strebte darauf die gut verhüllte Damenwelt zum Bade, in ordnungsgemäßem Abstand zum Herrenbad, das sich gut 800 Meter entfernt, nördlich des Übergangs Brandenburger Straße, befand.

Vorbei an gemischter Bausubstanz, die den Wandel auch des Geschmacks eindrucksvoll dokumentiert, überqueren wir die *Bismarckstraße,* lassen die katholische Kirche rechts liegen und werfen – gleich gegenüber an der Ecke – einen kurzen Blick auf den kleinen *Friedhof der Heimatlosen.* Dieser wurde im Jahre 1854, ein Jahr vor Gründung des Bads Westerland, weit außerhalb des Ortes angelegt. Bereits 50 Jahre später mußte er wieder „geschlossen" werden, da er mit über 50 heimatlosen Seelen voll belegt war. Daten und Fundorte sind auf den Holzkreuzen verzeichnet. Den Gedenkstein mit einem Vers von Dr. Rudolph Kögel stiftete Königin Elisabeth von Rumänien (Künstlername: Carmen Sylva) der Kirchengemeinde nach ihrem Aufenthalt in der Villa Roth im Sommer 1888.

Wir biegen links in die *Schützenstraße* ein. Seeseitig dieser Straße schnaufte am 1. Juli 1901 erstmals der „Dünen-Expreß" (von höhnenden Zeitgenossen auch als „Rasende Emma" tituliert) in den prunkvollen Kopfbahnhof der Sylter Südbahn, der direkt an der Damenbadstraße errichtet worden war. Was hat es auf sich mit dieser Bahn? Sylts großer Hemmschuh in der Entwicklung des Fremdenverkehrs war immer die schwere Erreichbarkeit der Insel: Bis zum Ende des vergangenen Jahrhunderts mußten Reisende auf mehr oder weniger abenteuerlichen Wegen bis nach Hoyerschleuse (westlich des Ortes Hoyer an der dänischen Westküste) gelangen, um von dort nach Keitum, später nach Munkmarsch „geschleust" zu werden. Ferner gab es eine Fähre von Husum nach Wyk; von dort brachte ein kleiner Schlickrutscher die Touristen nach Nösse oder (bei hohem Wasserstand) über die Wattwasserscheide nach Keitum. Die Beschwerlichkeiten bei der Anreise ließen immer mehr

Gäste auf größere Schiffe umsteigen, die die Strecke von Hamburg nach Sylt in elf Stunden (via Helgoland ohne Umsteigen) zurücklegten. Allerdings fuhren diese Schiffe in Ermangelung eines passenden Anlegers um den Lister Ellenbogen herum in das Pandertief, wo dann das Ausbooten in die kleinen Wattboote Richtung Munkmarsch erfolgte. Was lag näher, als diesen Weg um gut 50 Kilometer abzukürzen, indem man in Hörnum einen Anleger errichtete. Dies geschah auf Betreiben der „Nordsee-Linie" 1901. In diesem Jahr wurde zugleich der Ort Hörnum geboren, denn vorher befanden sich in diesem entlegenen Teil der Insel lediglich eine Bake und einige rustikale Hütten für Schiffbrüchige, für Menschen, die dort gelegentlich übernachteten (und... für Strandräuber). Den Weitertransport der Gäste von der Hörnumer Anlegebrücke bis nach Westerland sollte eine Kleinbahn übernehmen, die Südbahn, ab 1929 Sylter Inselbahn genannt.

Die Gäste nahmen diesen neuen Reiseweg mit Begeisterung an; bereits in den ersten drei Monaten des Eröffnungsjahres wurden fast 15000 Personen transportiert.

70 Jahre lang hat diese Kleinbahn Höhen und Tiefen im Sylter Fremdenverkehr miterlebt, bis sie – aufgrund mangelnder Rentabilität – 1970 ihren Dienst einstellen mußte. Jeder, der diesen Zug noch erlebte – „Blumenpflücken während der Fahrt verboten" –, weiß um den Verlust, der damit für die Insel einherging.

Wir wollen unseren Weg nach Hörnum auf den Spuren der Inselbahn fortsetzen. Von unserem Standpunkt in der Schützenstraße bis zum Schützenplatz ist heute das gesamte Gebiet bebaut, erst 1988 entstand dort die millionenschwere Dorint-Anlage auf Kosten älterer Gebäude aus der Anfangszeit des Bades. Am Schützenplatz sehen Sie rechter Hand das alte *Schützenhaus*, daneben die *Himmelsleiter* (verstehen Sie diesen Namen bitte aus der Sicht eines Flachländers), die ganz oben einen himmlischen Ausblick über Westerland bis nach Kampen, Keitum und – bei guter Sicht – nach Föhr ermöglicht.

Während das Gleisnetz der Inselbahn geradewegs in Richtung Süden über den später angelegten Sportplatz hinweg davonzog, müssen wir diesen landseitig umfahren, um auf den Fahrradweg am *Fischerweg* zu gelangen. Bei Gegenwind freut man sich über den Windschatten, den das Südwäldchen gewährt. Haben Sie das alte Friesenhaus entdeckt, das ehemals in freier Landschaft stand und nun von voluminösen Apartmentbauten regelrecht eingekesselt wurde?

80

Bald haben wir linker Hand einen freien Blick auf den jüngst erbauten Westerländer Binnendeich, der die südlichen Teile des Ortes bei einem eventuellen Bruch des Nössedeiches schützen soll. Man wähnt sich an dieser Stelle wahrhaftig nicht im Zugriff des Meeres, aber noch bis zum Bau des Nössedeiches (1937) kam das Wasser ohne weiteres bis hierher. Insbesondere die Sturmfluten von 1926 und 1936 setzten die gesamte Marsch bis an die Dünen unter Wasser, mit entsprechenden Schäden an den Gleisdämmen der Inselbahn, die bereits 1917 um den Süden des Ortes herum an den Bundes- und Ostbahnhof angeschlossen worden war, um eine durchgehende Verbindung nach List zu erhalten.

Auch bei der schlimmen Sturmflut im November 1981 wäre der Nösse-Deich um ein Haar an mehreren Stellen gebrochen – große Überschwemmungen im gesamten Westerländer Südteil wären die Folge gewesen. Heute scheint die Gefahr gebannt (der Nösse-Deich wurde erhöht, der Binnendeich zusätzlich errichtet), und wir radeln auf sicherem Grund aus Westerland heraus. Südlich des Campingplatzes liegt rechter Hand der traditionelle Biikeplatz (siehe S. 51 f.) der Stadt; von hier aus genießt man einen weiten Blick in die Sylter Südermarsch über die erst 1988 eingeweihte Umgehungsstraße, die dieses ehemals wertvolle Feuchtwiesengebiet nun durchschneidet.

Am Parkplatz (Übergang Oase zur Sonne) können Sie sich entscheiden, ob Sie dem Fahrradweg neben der Hauptstraße oder dem ruhigen Lehmkiesweg folgen; beide treffen nach wenigen hundert Metern wieder zusammen. Wenn Sie einen Besuch der Eidum-Vogelkoje planen, nehmen Sie den ersteren. Wir durchqueren – egal auf welchem Weg – den Übergang *Dikjen-Deel* (Deichende-Tal), ein auffallend tief liegendes Gebiet, das wohl noch in geschichtlicher Zeit vom Meer überflutet wurde (siehe S. 149). Dort sollte ein Deich den Vorläufer des heutigen Westerlands, das im 15. Jahrhundert untergegangene Eidum, schützen. Auch der Name des folgenden Tales (und Parkplatzes), *Baakdeel* (Bake: Seezeichen), deutet noch auf die einstige Nähe zum Meer hin. In Dikjen-Deel spukt es, das weiß jeder Sylter. Und wenn Sie es nicht glauben wollen, laufen Sie einmal in einer stockfinsteren Nacht allein durch die Dünen dieses Gebietes. Der Dikjendeelmann geht nämlich noch heute um. Am Heiligen Abend des Jahres 1713 strandete hier – so weiß die Sage zu berichten – ein in Archsum beheimateter Schiffer. Er erreichte – samt seiner nicht unbeträchtlichen Barschaft – mit Mühe und Not den Strand und hoffte, daß ein Strandläufer ihn finden und ihm helfen könnte. Doch was geschah? Alten

Folgende Doppelseite: Zwischen Himmel und Meer scheinen die Häuser der Rantum-Inge zu ruhen, wenn man vom nahen Watt aus einen Blick auf sie wirft.

81

Sylter Traditionen zufolge fiel er raublüsternen Strandräubern in die Hände, die lediglich an der Bergung seiner Geldkiste Interesse fanden und ihn lebendigen Leibes einzugraben versuchten. Immer wieder richtete er sich aus dem sandigen Grab empor, schließlich ragte nur noch sein rechter Arm aus dem feuchten Grund – worauf die Räuber ihm die Hand abschlugen und sich eilends mit der Kiste aus dem Staub machten. Seit dieser Zeit geht er um, der Ermordete aus dem Deichende-Tal, und streckt nächtens seinen blutenden Stumpf aus dem Grab. Wer an einer Begegnung mit diesem Herrn kein Interesse hat, sollte die Rückfahrt unserer Tour vor Einbruch der Dunkelheit hinter sich gebracht haben…

Hinter dem Baakdeel lichtet sich das Wäldchen der Vogelkoje, was einen weiten Blick über das *Rantum-Becken* zu den Ostdörfern der Insel ermöglicht. So friedlich dieses Naturschutzgebiet heute vor uns liegt, so kriegerisch war seine Entstehung begründet. Im Rahmen der allgemeinen Aufrüstung gegen Ende der 30er Jahre plante Hitler auch hier ein großes Militärgebiet, mit dem eingedeichten Becken als Landeplatz für Seeflugzeuge und einem südwestlich angrenzenden Baugelände. Wir sehen schon in Höhe des *Hauses Hanna* die ehemaligen Kasernen (heute sind hier Erholungsheime für Kinder sowie Gewerbebetriebe untergebracht), die nur einen Teil der ursprünglich geplanten Anlagen darstellen.

Da das Wasser auch hier ehemals bis in den Bereich der heutigen Straße reichte, wurde das Gebiet vom Rantum-Campingplatz bis zum Deich künstlich aufgespült. Immer wieder entflammte in den letzten Jahren die Diskussion um den Weiterbestand dieser nicht sehr einladenden Gebäude. Man entschied sich, sie zum großen Teil stehen zu lassen, nur das straßennächste Haus wurde entfernt.

Womit wir in Rantum angekommen sind. Nahezu alle Gebäude, die Sie bei der Einfahrt in den Ort sehen können, sind erst in den letzten 35 Jahren gebaut worden. Wollen Sie das alte Rantum erleben, so folgen Sie bitte (kurz hinter dem Ortseingangsschild) links dem *Dikwai* (Deichweg), dann sofort wieder rechts der *Alten Dorfstraße,* die nahezu parallel zur Hauptstraße nach Süden führt. Der Name Dikwai sagt bereits, daß hier der (denkbar gut versteckte) Zugang zum Rantum-Becken-Deich zu finden ist: Folgen Sie dazu der Stichstraße gut 100 m geradeaus, dann links herum bis zum Ende, und Sie werden die schmale Radfahrerzufahrt hinter dem letzten Haus erkennen. Wir aber folgen der Alten Dorfstraße in das niedrige Gebiet der *Rantum-Inge,* das noch bis 1987 bei hohen Fluten bis zur Dorfstraße unter Wasser stand. (Näheres dazu erfahren wir bei der

Dorfwanderung durch Rantum, siehe S. 121 ff.) Nun schützt ein Seedeich Haus und Straße vor der Überflutung. Die Jahreszahlen an den Straßenseiten einiger Häuser verraten ihr höheres Alter, doch vergleicht man ihr heutiges Antlitz mit dem früheren Aussehen (Sie finden alte Fotos, die dies dokumentieren, in den Fernsehräumen der Kurverwaltung), merkt man schnell, daß sie zum Teil von Grund auf erneuert wurden. Bis zum Ersten Weltkrieg existierten nur fünf Häuser in der Inge, einzig durch die Inselbahn mit Westerland, sprich: der Außenwelt, verbunden. Die Bahngleise führten den heutigen rotgeklinkerten Fahrradweg entlang, westlich davon (heute fast unvorstellbar) stand kein weiteres Haus.

Wer will, kann einen kurzen Abstecher rechts hoch zum Ortszentrum an der Hauptstraße machen. Überquert man diese, hat man linker Hand die ehrgeizige Kurverwaltung. Seit Jahren forciert sie in Zusammenarbeit mit der Gemeinde ein Projekt, das besonders aus Sicht des Naturschutzes als fragwürdig bezeichnet werden muß: Aus dem Untergrund eines Dünentals südlich von Rantum soll „Sylter Mineralwasser" industriell gefördert werden, was – allen Beteuerungen zum Trotz – nicht nur für die dort lebenden Amphibien das Ende bedeuten würde.

Hinter der Kurverwaltung liegt die evangelische *Kirche St. Peter,* rechts die Post, ferner Restaurationsbetriebe, ein Bekleidungsgeschäft, eine Parfümerie... was will der Mensch mehr?! Den Rantumer Gästen jedenfalls gefällt diese Einfachheit, wer Trubel haben will, muß ja lediglich sieben Kilometer nach Norden fahren...

Lassen Sie uns den Fahrradweg Richtung Hörnum verfolgen, der von nun an ausschließlich auf der ehemaligen Inselbahntrasse verläuft. An wiederum ausnahmslos jungen Häusern vorbei, die mit friesischem Baustil meist nur noch die Reetbedeckung gemeinsam haben, fahren wir bis zum Ortsende direkt unterhalb der Hauptstraße entlang. Wundern Sie sich nicht über eventuelle Fahrzeugstaus Richtung Norden, die sind zur Zeit der „Rush-hour" an sommerlichen Nachmittagen an der Tagesordnung. Sie führen lediglich bis Westerland...

Um so schöner, die Hauptstraße auf dem Fahrradweg wattseitig zu verlassen, um sich nach wenigen hundert Metern in einer der malerischen Landschaften der Insel zu verlieren. Unser Weg führt zunächst an einem feuchten Dünental vorbei, dann, abgeschirmt durch eine hohe Düne nach Westen, direkt an das teilweise verschilfte Watt heran. Die Düne ist der berühmte *Burgberg,* mit gerade 13 Metern Höhe zwar nicht eine der höchsten Dünen Sylts, aber eine sagenumwobene. Westlich dieses Dünenkammes, von der Hauptstraße durchschnitten, liegt das große feuchte *Burgtal,* und noch weiter westlich – unter den Randdünen, dem Strand, vielleicht schon auf dem Meeresgrund – hofft man seit Jahrzehnten die *Rathsburg* zu finden, das ringwallähnliche Pendant zur bekannten Tinnumburg und der weniger „öffentlichen" Archsumburg. Die Rathsburg wurde – Chronistenberichten zufolge – Mitte des 18. Jahrhunderts überweht und noch im ersten Drittel des 19. Jahrhunderts im Burgtal gesichtet. Bis heute geben diese Burgen, die bereits in der römischen Kaiserzeit entstanden, später von Wikingern oder den eingewanderten Friesen „wiederbenutzt" wurden, Rätsel auf (siehe S. 45).

Sowohl der Blick zurück nach Rantum, besonders aber die Szenerie von Watt und Dünen der Sylter Südhalbinsel mit Blick nach Föhr laden zur Rast ein. Und wie verändert sich die Landschaft bei wechselnden Gezeiten und wechselnden Licht- und Wetterverhältnissen! Immer neue Farben und Strukturen über Watt und Dünen, kleine Schönheiten am Rand des Weges, die auch nach Hunderten von Spaziergängen in diesem Gebiet immer neue Naturerlebnisse bieten.

Der ewige Kritiker wird lediglich den Sendemast der US-Coast-Guard als Störenfried in der Idylle bemerken, der 1962 bei Sansibar errichtet wurde und fast 200 Meter hoch in den Himmel ragt. Er gehörte bis Ende 1988 mit weiteren im Nordseeraum stationierten Sendern dieser Art zu einem hauptsächlich militärisch genutzten Navigationssystem, das allerdings dank der modernen Satellitennavigation nun veraltet ist. Ab 1989 wird die Anlage vom Wasser- und Schiffahrtsamt in Tönning betrieben. Fragen Sie doch einmal im Vorbeifahren, warum man den Sender nicht endlich einreißt...

Die vor dem Schilfgürtel liegenden Salzwiesen mit ihrer eigentümlichen Pflanzenwelt werden wir bei unseren Wattwanderungen näher kennenlernen. Wir fahren nach Süden in weitem Bogen immer am Dünenfuß entlang, denn bis hierhin kann das Wasser bei hohen Fluten ohne weiteres vordringen. Erstaunlich die Salzwasserresistenz der Kamtschatka-Rose (Rosa rugosa), die überall den Wegesrand ziert.

Zu welcher Jahreszeit sind die Dünen eigentlich am schönsten? Auf mich wirken sie an dunklen, nebligen Novembertagen besonders eindrucksvoll, wenn die sonst verborgene Mystik dieser Landschaft deutlich hervortritt. Wunderschön auch die glasklaren Tage im Januar, wenn ein Hauch von Schnee Dünen und Täler erhellt. Oder der Spätsommer, wenn Besen- und Glockenheide blühen. Bei Gegenlichtstimmungen fühlt man sich ins schottische Hochland versetzt, und beugt man sich zu den kleinen Pflanzen herunter, findet man sich im schönsten Blumengarten wieder. Die Farben Gelb (Habichtskraut, Labkraut, Mauerpfeffer, Gänsefingerkraut) und Blau (Sandglöckchen, Glockenblume, Stiefmütterchen) sind unter den Blüten auf den trockenen Sandflächen am häufigsten vertreten.

Unser Radweg wendet sich südlich von *Samoa* wieder von der Straße ab, seeseitig der Hauptstraße sehen wir die Groß-Vlie, mit fast 26 Metern die zweithöchste Düne der südlichen Inselhälfte. Wir durchfahren eine kleine Dünenschlucht und nähern uns einem Holzhäuschen, das zum Rasten einlädt. Von hier aus empfiehlt sich ein kurzer Abstecher zu Fuß durch das flache Tal Richtung Watt. Eine geschwungene Sandzunge 400 Meter weiter südlich zeigt den Verlauf der Strömung an, der von der Flut diktiert wird. Zwischen Sandnehrung und Wattufer ist ein festes Watt, das bei Niedrigwasser zu Entdeckungen einlädt.

Durch den sich ostwärts erstreckenden Arm der Großen Vlie zielt unser Weg nun schnurgerade durch das Wassertal auf die hohen Dünen von *Sansibar*. Große Bereiche des Tales liegen nur knapp zwei Meter über Normallnull und zeigen sich dementsprechend sumpfig und morastig, mit großen Beständen an Glockenheide, Rauschbeere und Sonnentau. Noch tiefer liegt nur das *Wardingdeel*, das wir nach der Durchfahrt der „Enge" von Sansibar (hier beginnt auch ein „offizieller" Weg ans Wattufer, siehe Sylter Watten) erreichen. Der östliche Teil dieses Tals um den Sendemast herum ist eingezäunt. Der Mast selber steht lediglich auf einem Kugelgelenk, seine Stabilität erhält er aus der flexiblen Spannkraft der zahlreichen im Boden verankerten Eisentrossen. Diese Art der Konstruktion hat sich in windreichen Gebieten mit unsicheren Bodenbedingungen – beispielsweise in der Arktis – bewährt.

Fährt man die nun folgende Strecke an Frühsommerabenden, erlebt man ein ohrenbetäubendes Konzert von Tausenden von Kreuzkröten und Moorfröschen, die in diesen Tälern, die fast immer Wasser führen, ihren idealen Lebensraum finden. Die besondere Armut des Bodens wird durch die fast rasenbildenden Bestände an rundblättrigem Sonnentau dokumentiert, die beidseitig des Fahrradweges phantastisch zu sehen sind.

Puan Klent, das heutige Hamburger Jugenderholungsheim, liegt direkt vor uns. In früheren Jahrhunderten bot diese Gegend der Insel Unterschlupf für verwegene Strand- und Seeräuber, „Klent" soll auch soviel wie Unterschlupf bedeuten, und Puan (Paul) war wohl ein besonders schlimmer dieser Sorte Mensch. Geologen aber führen das „Klent" auf das dänische „Klint" (Kliff) zurück; zahlreiche Überlieferungen deuten auf ein ehemals vorhandenes Geestkliff an diesem Teil der Westküste hin.

Erste Barackengebäude entstanden hier im Ersten Weltkrieg als Lager der Inselwache, 1919 erwarb die Siedlung (ebenso das Lager Klappholttal) der Hamburger Jugendverband unter Dr. Knud Ahlborn, der hier in freier Natur den von Krieg und Hunger gezeichneten jungen Menschen die Ideale der Jugendbewegung näherbringen wollte. Noch in den 20er Jahren wurden die Holzbaracken teilweise durch feste Bauwerke ersetzt, ein unverkennbarer rustikaler Stil aber blieb bis heute erhalten und bietet einen gelungenen Kontrast zum Alltagsleben der Stadtjugend. Bei voller Belegung sind hier 400 Kinder untergebracht, was über die Jahrzehnte dazu führte, daß nahezu jeder Hamburger einige Tage seiner Kindheit auf Sylt (bzw. in Puan Klent) verbrachte.

Direkt westlich des Hauses führt ein befestigter Weg zum „Olymp", dem Hausberg Puan Klents, von dessen Aussichtsterrasse ein erhebender Blick in alle vier Himmelsrichtungen (u. a. bis nach Hörnum, unserem Ziel) zu genießen ist.

Etwa vier Kilometer liegen noch vor uns: Südlich Puan Klents kommen wir wieder dicht ans Watt heran. An der engsten Stelle hat das Wasser die Bohlensicherung des Fahrwegs bereits umgelegt, und eine kleine Wanderdüne schickt immer wieder neue Sandmassen über den Weg, so daß man nach windigen Tagen ein paar Meter schieben muß.

Verfolgen Sie mit den Augen das Wattufer Richtung Süden (es ist zur Brutzeit und zur Zeit der Jungenaufzucht für den Zutritt gesperrt), endet der Blick an der größten Sandnehrung der Sylter Ostküste, samt dem dahinter liegenden Schlickwatt ein ornithologisches Dorado. Wer sich näher dafür interessiert, der sollte sich an das Informationszentrum der Schutzstation Wattenmeer in Hörnum wenden – es liegt auf unserem Weg.

Die Krötenzäune, die Sie bald hinter dem kleinen Heim „Strandläufernest" neben dem Fahrweg finden, hat die Schutzstation, die dieses Dünengebiet ebenso betreut wie die Hörnum-Odde und das angrenzende Watt, errichtet. Da alljährlich Hunderte dieser vom Aussterben bedrohten Amphibien auf ihrer nächtlichen Wanderung totgefahren werden, sammeln die Mitarbeiter der Schutzstation diese Zäune täglich ab und können so auch den Bestand kontrollieren.

Wir erreichen die ehemalige Wehrmachtssiedlung *Hörnum*. Das Ortsbild ist hier noch immer von der Vergangenheit geprägt. Zahlreiche Jugendheime sind in den großen Häusern untergebracht; nur der Bereich des Sanitätsausbildungszentrums ist noch heute militärisches Sperrgebiet. Die Siedlung *Gurtdeel* hoch oben auf den westlichen Dünen hat ästhetisch kaum mehr zu bieten.

Sind Sie an der katholischen und neuapostolischen Kirche sowie am Informationszentrum der Schutzstation Wattenmeer vorbei, dann sehen Sie – ebenfalls rechter Hand – ein architektonisches Glanzstück der 70er Jahre mit Namen *Haus des Kurgastes.*

In einer Linksbiegung nähern Sie sich nun dem eigentlichen Ortskern. Bitte bedenken Sie bei einer kritischen Durchsicht: Bis 1930 bestand Hörnum nur aus neun Häusern, wovon heute noch drei erhalten sind: Der 1907 erbaute Leuchtturm samt dem schmucken Wärterhaus unterhalb (!) desselben und das 1914 errichtete *Hapag-Haus*, heute „Hotel Bettina". Fast alle anderen Häuser entstanden nach 1935 im Rahmen der Aufrüstung und gaben dem Ort sein Gepräge.

Die Inselbahn übrigens fuhr in unserem Bogen die heutige *Strandstraße* hinunter bis ans Ufer, ja sogar bis auf den extra angelegten 150 Meter langen Holzanleger hinaus, um dort die Reisenden vom Seebäderschiff „Cobra" in Empfang zu nehmen. Das ehrwürdige Bahnhofsgebäude fiel 1970 pünktlich zur Einstellung der Bahnlinie der Spitzhacke zum Opfer...

Folgen Sie der Strandstraße bis zur Uferpromenade, sehen Sie linker Hand bereits den Hafen, Ausgangspunkt unserer Südspitzenwanderung.

Radtour von Westerland nach List und zurück:
Marathon mit (angenehmen) Hindernissen

Ausgangspunkt dieser Tour ist wiederum die Wilhelmine im Stadtzentrum Westerlands. Bitte schieben Sie Ihr Fahrrad nur 50 Meter in Richtung Hauptbahnhof, dann stoßen Sie auf die *Stephanstraße*, der Sie nach Norden folgen.

Vorbei am Bürgerzentrum *Alte Post,* dem *Rathaus* samt Spielkasino sowie dem *Fernmeldeturm* überqueren wir noch die Ampelanlage vor der Villa Helgoland, um zwei Querstraßen weiter die Nordmarkstraße seewärts in die *Friesische Straße* zu verlassen.

Vor meinem Elternhaus dort stehen zwei Kieferknochen eines 20 Meter messenden Finnwals, der 1918 am Westerländer Strand angetrieben wurde. In dieser Notzeit war man froh, das Tier in alle Einzelteile zerlegen und verwerten zu können, so daß noch heute die ältesten Bewohner der Insel von dem monatelangen Trangestank erzählen, der Sylt in diesem Jahr durchzog. Mein Großvater sorgte für die Aufstellung der Unterkieferknochen in der Friesischen Straße 21: 1,5 Meter eingegraben, erreichen sie eine Gesamtlänge von 4,5 Metern!

Wir überqueren die *Norderstraße,* sehen an der Ecke zur Steinmannstraße das stilvoll gepflegte Friesenhaus Zäpke und biegen vor dem Strandübergang in die schotterige Lornsenstraße ein, der wir bis zur *Seenotstelle* folgen. Hier beginnt ein neuangelegter Fahrradweg unmittelbar hinter den westlichen Randdünen, die sich in hervorragender Verfassung präsentieren: Kein Trampelpfad durchzieht die Dünen, keine „Dünennester" zerstören den optischen Eindruck. Der Grund ist klar: Nach dem 1962 erfolgten Durchbruch dieser Dünen versuchte man alles, sie im folgenden zu erhalten, und wenn's eben ein hoher Zaun und Natodraht sein mußten.

Beim Vorbeiradeln fragt sich mancher, ob der Schutz der Dünen wirklich nur auf diese Weise zu erreichen ist. Ich denke, es liegt an jedem einzelnen, dies zu verhindern.

In den letzten Jahren hat sich auch in diesen Dünen die anspruchslose und hübsche Kamtschatkarose sehr verbreitet, die als einzige Pflanze in der Lage ist, mit dem allgegenwärtigen Strandhafer auf den mageren Sandböden zu konkurrieren.

Vor uns liegt das *Institut für angewandte Physiologie und medizinische Klimatologie,* eine Außenstelle der Universität Kiel, in der seit Jahrzehnten elementare Forschungsarbeiten zur Meeresheilkunde und Bioklimatologie in enger Zusammenarbeit mit den Städtischen Kurbetrieben und der Nordseeklinik geleistet werden. Ergebnisse dieser Forschungen, die jeder Sylt-Gast unmittelbar anwenden kann, finden sich in einer interessanten Broschüre, „Die Heilkräfte des Meeres und des Meeresklimas", die in der Schriftenreihe der Volkshochschule Klappholttal erschienen und für gerade vier Mark im Buchhandel erhältlich ist (siehe auch S. 199ff.).

Heute hat hier auch das Umweltbundesamt eine Meßstelle untergebracht, deren monatliche Berichte in der „Sylter Rundschau" die absolute Reinheit der Sylter Luft bei westlichen Winden bezeugen.

Beim Institut stoßen wir wieder auf den *Lornsenweg,* der vor Jahren als Trimm-Dich-Pfad ausgebaut wurde. Rechter Hand lassen wir die *Nordseeklinik* liegen, die ursprünglich als Marinelazarett diente und heute ihre Aufgabe als Inselkrankenhaus versieht.

Damit verlassen wir den Bereich Westerlands und nähern uns in einer längeren Steigung dem Ortsrand von Wenningstedt, dessen heute geschlossene Häuserfront die Bauwut verdeutlicht, die nun auch vor dem größten geschlossenen Arnikabestand Schleswig-Holsteins nicht mehr haltmacht. Das Vorkommen dieser Pflanze ist in unseren Breiten eine botanische Besonderheit. Sie darf hier als Relikt der letzten Eiszeit angesehen werden: Mit den zurückweichenden Gletschern konnte die Arnika nordwärts wandern. Das Pendant zu dieser Entwicklung spielte sich in den Alpen ab. Trotz strenger Unterschutzstellung der Pflanze ist die Insel gerade dabei, eine weitere Besonderheit zu verlieren.

Wir überqueren die *Seestraße* und fahren zunächst geradeaus, bis die Straße in eine Rechtskurve übergeht. Gleich biegen wir wieder links ein und folgen der *Dünenstraße* über den Parkplatz linker Hand zur Promenade, wo uns ein Super-Panorama erwartet: Von hier geht der Blick zurück nach Westerland, in die Ferne nach Westen und im Norden auf die bemerkenswerte Konstruktion der Wenningstedter Strandtreppe. Vor uns die Abbruchkante des Roten Kliffs, das bis zur 1985 erfolgten Sandvorspülung alljährlich weiter abbrach und so den teilweisen Abriß des Restaurants „Kliffkieker" erzwang. Wenn Sie Ihr Fahrrad 100 Meter nach Norden schieben, sehen Sie den „Kliffkieker", etwas weiter östlich die Kurverwaltung. Bitte, nehmen Sie sich fünf Minuten Zeit, um kurz in die Räume gleich hinter dem Foyer hineinzuschauen, denn man hat sich hier viel Mühe gemacht, ein wenig Vergangenheit zu vermitteln. Viele alte Fotos, Luftaufnahmen, Bilder von Sturmfluten und Versteinerungen vermitteln selbst dem Kenner der Insel neue Eindrücke.

Nächste Station soll der *Dorfteich* sein, das einzige größere stehende Gewässer der Inselgeest. Sie gelangen dorthin, indem Sie der Strandstraße nach Osten bis zur Hauptstraße folgen, dort nach links einbiegen und an der bald nach rechts abzweigenden gleichen Hauptstraße geradeaus fahren. Ein kleiner Fahrradweg führt rechts zwischen einem alten Friesenhaus und dem Teich, der heute ringsherum begehbar ist, vorbei. Wir steuern auf die kleine Kapelle zu, biegen vor dem Spielplatz links ein und stehen gleich vor dem *Denghoog*, einem Pflichtprogrammpunkt unserer Fahrradtour. Es handelt sich um eine über 4000 Jahre alte Grab- und Kultstätte, die heute von der Söl'ring Foriining, dem Sylter Heimat- und Naturschutzverein, betreut wird. Herr Mungard sitzt – soweit er nicht gerade „auf Führung" ist – in dem kleinen Holzhäuschen nebenan und erleichtert Sie um Ihr Kleingeld. Sollte er nicht auffindbar sein, erklimmen Sie den Hügel allein und gelangen von oben durch einen schmalen Einstieg in die Grabhöhle. Meist sitzt dort schon eine Gruppe, gebannt den Erzählungen des Betreuers (Träger der Goldenen Schaufel) lauschend, und jeder „Zuspätkommende" wird mit allem anderen als Grabesstille begrüßt. Immer wieder von neuem wird die Frage diskutiert, wie es den Steinzeitmenschen bloß gelungen sein mag, den tonnenschweren Deckstein, der nun über den Köpfen der Zuhörer thront, so paßgenau aufzusetzen. Auch Felszeichnungen und Gletscherschrammen bleiben nicht unentdeckt, und nach einer halben Stunde meint man, aus einer anderen Welt wieder aufzutauchen – aber so gehört es sich auch, wenn man schon mal aus dem Grabe aufersteht.

Die nun folgende Station unserer Reise ist das *Leuchtfeuer Rote Kliff* nordöstlich vom Denghoog, im Volksmund meist als Kampener Leuchtturm bezeichnet. Seit dem 1. März 1856 bereits (damals gehörte Sylt noch zum dänischen Herzogtum) sendet er seine Signale aus 62 Metern Höhe (über Normalnull) fast 40 Kilometer über die See.

Wie kommen wir hin? Sie können direkt vom Hünengrab aus den Pfad in Richtung Norden benutzen, kommen nach etwa 150 Metern auf eine asphaltierte Straße, der Sie bis zur Hauptstraße folgen. Vor Ihnen die Norddörferschule, von den Kindern Wenningstedts, Braderups und Kampens besucht, links daneben der erst 1988 eingeweihte Golfplatz. Fahren Sie zwischen Schule und Golfplatz nach Osten und biegen Sie bei der ersten Gelegenheit links in den Fußgänger- und Fahrradweg ein, so haben Sie den schönsten Blick auf den immerhin 38 Meter hohen Turm. Seine heutige „Tageskennung", weiß mit schwarzen Streifen, trägt er erst seit 1953, vorher hatte er – seinem Baustoff aus Bornholmer Klinker entsprechend – ein schmutziggelbes Antlitz.

Unser Weg führt, mitten über den Golfplatz, zunächst nach Osten, an einer Weggabelung halten Sie sich links und kommen nun direkt an den Leuchtturm heran.

Ziehen Wolken über die Insel, wird einem schwindelig beim Blick den Turm hinauf, und man ärgert sich gar nicht mehr, ihn nicht besteigen zu dürfen. Wenige Meter über dem Grund lesen Sie die Initialen König Friedrichs VII. von Dänemark, unter dessen Hoheit der Turm einstmals errichtet wurde.

Unser Weg führt weiter nach *Kampen*. Fahren Sie einfach stur geradeaus, dann landen Sie direkt im Ortszentrum mit seinen Galerien, Modegeschäften, Restaurants und Cafés. Es ist durchaus empfehlenswert, das Fahrrad eine Weile abzustellen und einen Bummel durch den Ort zu unternehmen, vielleicht irgendwo auf sonniger Terrasse eine Tasse Kaffee zu trinken, um sich selber einen Eindruck zu verschaffen von diesem „Nobelort". Zwar ist der Durchschnittspreis der Fahrzeuge etwas höher, zwar gilt hier der Schein mehr als das Sein, beim näheren Hinschauen jedoch erkennt man schnell, wer's nötig hat und wer nicht. Es macht jedenfalls Spaß, dem Treiben in aller Ruhe zuzuschauen und darüber zu schmunzeln, daß die Kampener (und damit auch die überregionale Presse) noch in den 60er Jahren, als die erste Ampelanlage errichtet werden sollte, erhitzte Diskussionen führten. Andere Zeiten, andere Probleme.

Als Direktverbindung nach List empfehle ich die Benutzung des wunderschönen Radwegs auf der ehemaligen Inselbahntrasse, den Sie leicht finden, wenn Sie einfach in eine der Straßen nach Westen einbiegen. Besonders die „Abfahrt" aus Kampen wird mit einem Superblick über die *Kampener Nordwestheide* und die nördlich angrenzende Dünenlandschaft belohnt.

Wer aber (wie wir) die Kampener Vogelkoje besuchen will, bleibt bei der Weiterfahrt auf dem Fahrradweg neben der Hauptstraße, bis wir bei Klappholttal auf den Fahrradweg zurückkommen. Am Ortsausgang von Kampen geht's mit Höchstgeschwindigkeit den Geestabhang hinunter. Noch heute vermuten einige Geologen, daß dies das einstige Nordende der Insel war, bevor sich die Dünen des Listlands sukzessive nach Norden vorschoben.

Im östlichen Winkel, zwischen Geest, Dünen und Watt, liegt eine Salzwiesenlandschaft von ganz besonderer Art. Da im straßenwärtigen Teil die Überflutungen des Winterhalbjahrs immer seltener wurden, haben sich dort Mischformen von Salzwiese, Moor und Röhricht herausgebildet, die in dieser Zusammensetzung durchaus einmalig sind.

Es ist noch nicht lange her, daß man die Besonderheit des *Nielönns* (Neulands) erkannte, so daß es erst 1979 unter Naturschutz gestellt wurde. Das Gebiet erstreckt sich zwischen der Kampener Geest im Süden, dem Watt im Osten und der Straße im Westen bis zur Kampener Vogelkoje und fasziniert den Betrachter vornehmlich wegen des großen Wollgrasbestandes sowie des Brutvorkommens der Bekassine, die zur Balzzeit ihr charakteristisches „Flügelmeckern" vorführt. Dies läßt sich von einer Bank am Rande des abgezäunten Areals aus hervorragend beobachten.

Wir fahren weiter: links der Parkplatz der berühmten „Buhne 16", in den 60er und 70er Jahren Treffpunkt der „Nackten und Reichen", rechts das Klärwerk – freuen Sie sich, wenn Sie westliche Winde haben... Beim Kinderheim Vogelkoje endet der Fahrradweg im Sand, wir müssen das letzte Stück von etwa 500 Metern auf der Hauptstraße fahren, bis wir die Vogelkoje erreichen.

Die *Kampener Vogelkoje* ist die älteste der drei Sylter Kojen und wurde bereits 1767 angelegt. Die Sitte des Wildentenfangs brachten vermutlich die Sylter Walfänger aus Holland mit, wo man schon zwei Jahrhunderte früher damit begann, sich den Mittagstisch auf diese Art abwechslungsreicher zu gestalten.

Wie lief der Entenfang ab? Mit gezähmten Lockenten wurden die besonders im Frühjahr und Herbst einfliegenden Stock-, Spieß-, Pfeif- und Krickenten zur Rast auf den etwa 60 mal 60 Meter großen Süßwasserteich heruntergelockt. In seinen vier Ecken befinden sich sogenannte Fangpfeifen, die mit Sichtblenden aus Stroh versehen sind und in einem sogenannten Fangsack enden. Die bösen Lockenten steckten mit den Kojenwärtern unter einer Decke, lockten ihre Artgenossen in die Pfeifen, bis der Kojenwärter seines Amtes walten konnte und mit dem „Ringeln" deren Leben ein Ende setzte. Im langjährigen Schnitt geschah dies immerhin 6000 Enten in Jahr – eine nette Bereicherung für die Küchen der Insel.

Der Fremdenverkehr brachte schon nach dem Ersten Weltkrieg derartige Unruhe in das damals noch so entlegene Gebiet, daß der Entenfang zunehmend unrentabel wurde und 1921 ganz eingestellt werden mußte. 1935 wurde die Anlage unter Naturschutz gestellt. Dies führte – anders als beim Nielönn – nicht zu einem Betretungsverbot, ganz im Gegenteil: Man versuchte, die Anlage als Denkmal zu erhalten, richtete einen Lehrpfad samt Informationszentrum ein, das in den letzten eineinhalb Jahrzehnten mehrere hunderttausend (!) Gäste besuchten. Nachdem der Deutsche Bund für Vogelschutz die Koje 15 Jahre lang betreut hatte, kaufte im Jahre 1984 die Gemeinde Kampen das Gebiet und übergab die Verwaltung der Söl'ring Foriining, die dort ab 1989 ein erweitertes Informationszentrum für die Besucherströme bereithält.

Um dem Lärm der Hauptstraße zu entgehen, biegen wir nach unserer Weiterfahrt kurz vor der Ausfahrt aus dem bewaldeten Kojengebiet links ein und folgen dem Schild *Volkshochschule Klappholttal*. Nach einigem Auf und Ab erreichen wir die ehemalige Trasse der Inselbahn und folgen dieser in Richtung Norden.

Die Volkshochschule, die wir links liegenlassen, ist eine kleine Welt für sich geblieben. Wie Puppenhäuser liegen die kleinen Blockhütten verstreut in den Dünen. Abgeschiedenheit und Einfachheit in der Lebensführung heißt die Devise für die Kursteilnehmer, von denen viele schon seit Jahrzehnten immer wiederkommen. Das überaus reichhaltige und anspruchsvolle Programm erhalten Sie kostenfrei im Büro der Volksschule unmittelbar neben dem Fahrradweg.

Schnurgerade führt unser Weg nach Norden. Linker Hand ist es nicht weit bis zum Meer, rechter Hand tauchen bald die ersten Häuser des *Sonnenlandes* auf. Nach einer Rechtsbiegung wendet sich der Weg am Rande eines wunderschönen Dünentals nach Osten, und wir erreichen wieder die Hauptstraße.

Doch nur, um sie zu überqueren: Gleich wendet sich der Fahrradweg wieder ab, steigt mit eindrucksvollem Blick auf die Luvseiten der Wanderdünen an, bis Sie das weite, tiefe *Mannemorsumtal* bis nach *Mellhörn* überschauen können. Nach der Abfahrt sehen Sie links die steilen Leehänge der Wanderdünen, die sich auch heute noch – vom Wind getrieben – alljährlich weiter nach Osten bewegen, mit Beträgen von mehreren Metern pro Jahr. In ihrem südlichen Teil mußte man sie mit Strandhafer bepflanzen, um eine Überwanderung der Hauptstraße zu verhindern.

Auch von der Wattseite her drohte der Straße Gefahr: Bei der Sturmflut im November 1981 überflutete das Meer die östliche Randdüne und drang – wieder einmal – fast bis zum Fuß der Wanderdüne vor; die Verbindung nach List über diese Straße war unterbrochen. Auch die alte Listlandstraße, die die Dünen westlich umrundet, wurde überflutet: Das Wasser stieg im Königshafen über die Ufer und versperrte auch hier den Weg. Zur Lösung des Problems schien ein schmerzlicher Eingriff in die Wanderdünenlandschaft unumgänglich, der man Sand entnahm, um die Randdüne des Mannemorsumtals zu schützen. Schmerzlich allein deshalb, weil wir es bei den Wanderdünen mit dem letzten Rest wirklicher Naturlandschaft (d. h. vom Menschen unbeeinflußter Landschaft) auf Sylt zu tun haben; Eingriffe dieser Art sollten in Zukunft unbedingt vermieden werden.

Die letzte Steigung unserer Tour führt am Rande der Siedlung Mellhörn vorbei in den Ort List hinein. Linker Hand liegt auf einer hohen Düne die *Wetterstation List,* die stets gutes Wetter für Ihre Touren voraussagen möge; einige hundert Meter weiter sehen Sie rechts das *Kurhaus* mit dem Schwimmbad. Danach können Sie sich schon auf den Endspurt vorbereiten: Nach einigen weiteren baulichen Scheußlichkeiten in der Hafenstraße nähern wir uns dem Ziel der Tour, dem Lister Hafen, im Volksmund als „List-Vegas" bezeichnet. Warum? Das werden Sie am besten selber beobachten können.

Lists Entwicklung zum heutigen Ort begann – ähnlich wie beim Antipoden Hörnum – erst in den 30er Jahren, als zahlreiche Wehrmachtsanlagen samt Unterkünften für die dort Arbeitenden errichtet wurden. Vorher standen lediglich in der *Alten Dorfstraße* nordwestlich des Hafens einige ältere Häuser aus dänischer Zeit, die zum Teil auch heute noch gut erhalten sind. Man lebte in dieser Abgeschiedenheit von der Austernfischerei (der „Hundert-Jahre-Alte-Gasthof" war ehemals Sitz der fiskalischen Austernanlagen) und vom Sammeln von Möweneiern. Das hat sich bis heute grundlegend geändert: Die früher zu Zehntausenden brütenden Möwen sind nur noch auf abgeschiedenen (und eingezäunten) Sandinseln zu finden, die natürlichen Austernvorkommen starben in den 30er Jahren aus. Erst in jüngster Zeit wird wieder versucht, in Munkmarsch und in der Blidselbucht Austern zu kultivieren. Die Ergebnisse können Sie beispielsweise am Lister Hafen probieren.

„Wer gerne eine Seefahrt macht", ist hier genau richtig, denn Frühstücks-, Einkaufs- und Kaffeefahrten finden mittlerweile sogar das ganze Jahr über statt, außerdem lohnen sich Tagestrips nach Rømø (individuell) oder über Ribe nach Esbjerg und Legoland (über Reisebüros) in das sympathische Dänemark, das die Sylter Entwicklung bis 1864 über viele Jahrhunderte bestimmt hat.

Wer nun noch nicht müde ist, darf mir folgen auf eine Wanderung zum Königshafen, die, will man es bis zur (Ellenbogen-)Spitze treiben, viele Stunden in Anspruch nimmt. Zumindest lohnt sich ein kurzer Abstecher in diese Wattenbucht hinein, der vom Hafen aus nur eine halbe Stunde dauert.

Für die Rückfahrt nach Westerland sei die *alte Listlandstraße* empfohlen. Sie verlassen dazu den Hafen in Richtung Norden, sehen die alten Häuser in der Alten Dorfstraße und folgen im weiteren der Ausschilderung nach Westerland. Auch von dieser Straße aus bekommen Sie einen Einblick in den Königshafen, bevor Sie in Höhe der *Lister Strandhalle* nach Norden umbiegen. Hier erwarten Sie wunderschöne Panoramen der Wanderdünenlandschaft, bis Sie bei Sonnenland wieder auf bekannte Pfade stoßen.

Folgende Doppelseite: Die Rippelmarken in den Lister Dünen sind Ausdruck der Dynamik dieser Landschaft. Einzig ruhend erheben sich die mit Strandhafer bewachsenen Kupsten aus der wandernden Umgebung.

Radtour Westerland–Sylt-Ost: eine Fahrt in die stillen Winkel der Insel

Auch unsere dritte Tour beginnt bei der *Wilhelmine* im Stadtzentrum des heutigen Westerlands. Sie wird uns führen in das ruhige und grüne Sylt, das auf den ersten Blick landschaftlich nicht viel Sylt-Typisches aufzuweisen scheint: Oft werden die Marschen und Ostdörfer Sylts mit den Gegebenheiten auf der Insel Föhr oder gar mit dem Festland verglichen; machen wir uns selber ein Bild davon!

Wir folgen zunächst der *Maybachstraße* in Richtung Kirche, vor der wir in die *St.-Nikolai-Straße* einbiegen. Die große Westerländer Kirche wurde in den Jahren 1906 bis 1908 errichtet, da die kleine Dorfkapelle St. Niels (siehe S. 155) dem sommerlichen Ansturm der Gäste schon lange nicht mehr gewachsen war. Bereits ab 1897 wurden jährlich 2500 Mark aus dem Überschuß, den die Badeanlagen erwirtschafteten, für den Bau der neuen Kirche abgeführt. – Das berühmteste Stück ihrer Ausstattung ist der Granit-Taufstein aus der alten Dorfkirche; er soll ursprünglich in der im 15. Jahrhundert untergegangenen Eidumer Kirche gestanden haben.

Wir nähern uns dem *ZOB* hinter dem Bundesbahnhof, biegen rechts ein und gleich darauf links in Richtung Verladerampe. Keine Angst, wir wollen Sylt noch nicht verlassen! Bleiben Sie auf der Straße, die die Standspuren umfährt, und achten Sie kurz nach der Überquerung eines Gleises auf das blaue Schild, das einen versteckten Radweg ankündigt. Diesem Schleichweg folgen wir, überqueren noch den *Industrieweg* beim Großhandel Voss und finden uns nun bereits in *Tinnum* wieder, dem westlichsten Dorf der Großgemeinde Sylt-Ost, die außerdem Munkmarsch, Keitum, Archsum und Morsum umfaßt.

Auf dem Fahrradweg des *Silwais* radeln wir nach Osten bis zum *Borrigwai*, dem wir nach Süden folgen. Vor uns liegt die *Tinnumburg*, das mächtigste auf Sylt erhaltende Bauwerk der „grauen Vorzeit", immerhin – so ergaben jüngere Forschungen – nicht eine Wikingerburg aus dem neunten Jahrhundert, sondern bereits zur römischen Kaiserzeit vor 2000 Jahren errichtet. Ein Holperweg führt durch den *Döplem*-Teich direkt an den Ringwall heran. Der verschilfte Döplem ist der langsam austrocknende Überrest eines breiten Wasserarms, der die Tinnumburg früher von Süden her erreichte. Man erkennt dessen ehemaligen Verlauf noch deutlich! Zuletzt im Jahr 1936 stand die Burg bei einer Sturmflut mitten im Wasser; erst mit dem Bau des im Süden deutlich sichtbaren *Nösse-Deichs* (1937) wurde die Überflutungsgefahr gebannt.

Wer das Fahrrad bis hierher mitgenommen hat, muß nun wohl um den Ringwall schieben. Von der Südseite her können Sie die Burg besteigen und sich überlegen, welchem Zweck sie gedient haben mag (siehe S. 45): Sie mißt 120 Meter im Durchmesser und erreicht eine Höhe von sieben Metern, was bei uns im Flachland ausreicht, um im Norden den Kampener Leuchtturm, im Süden gar die Vogelkojen der Insel Föhr in über 20 Kilometer Entfernung ausmachen zu können.

Gleich südlich der Burg schließt sich der Tinnumer „Strandweg" an, dem wir nach links bis zum Campingplatz folgen. Dann wiederum links herum bis zum *Kampende,* auf dem wir weiter nach Osten radeln. Vor uns liegt die *Alte Landvogtei* aus dem Jahr 1649, heute das zweitälteste Haus der Insel. Von dort aus wurden zur Zeit der Dänenherrschaft (bis 1864) die amtlichen Geschicke der Insel geregelt.

In der folgenden Rechtskurve (nun Dirksstraße genannt) sollten Sie das vorbildlich restaurierte Friesenhaus der Familie Egel bewundern. Es ist das Geburtshaus des wohl berühmtesten Sylter Malers, Andreas Dirks (1865 bis 1922), stammt aus dem Jahr 1783 und wurde 200 Jahre später unter Denkmalschutz gestellt.

Wir fahren die Dirksstraße nach Osten bis zum Ende, überqueren mit dem *Ingewai* die Bahnschienen und folgen der Ausschilderung für Fahrradfahrer nach Keitum. Neben der Hauptstraße, die Westerland mit dem Sylter Osten verbindet, führt der Fahrradweg am *Lornsenhain* entlang, der bereits 1820 auf Initiative von C. P. Hansen auf der Keitumer Heide angelegt wurde.

An einigen Schrebergärten vorbei haben wir einen freien Blick auf die Keitumer Kirche St. Severin. Davor liegt der *Winjshoog* oder Wotanshügel, als alte Kult- und Opferstätte, auf der in früheren Jahrhunderten auch Biikefeuer loderten (siehe S. 51 f.), sozusagen deren heidnisches Gegenstück.

Eine Besichtigung der Kirche gehört natürlich zum Pflichtprogramm des Sylt-Besuchers. Wir biegen dazu an der „Möbel Deele" vor dem Ortseingang Keitums links ein und folgen der Straße bis zur Kirche. Ihr genaues Baudatum ist bis heute nicht bekannt; die Form des Baus und die verwendeten Materialien (Granit und Tuff) deuten auf eine Entstehungszeit gegen Ende des 12. Jahrhunderts hin. Ursprünglich hatte die Kirche übrigens keinen Turm, dieser wurde – wie auch das Südervorhaus – erst im 15. Jahrhundert angebaut. Viele spätere bauliche Veränderungen lassen den im Ursprung romanischen Bau nicht mehr ohne weiteres erkennen. Das

Folgende Doppelseite: In den Morsumer Ortsteilen Schellinghörn und Osterende finden sich viele Einzelgehöfte, die den ländlichen Charakter des Sylter Ostens unterstreichen.

heute nur noch über der Apsis befindliche Bleidach wurde über Chor und Schiff durch Schiefer ersetzt, die Tuffsteinmauern verputzt.

Der Bau des Turmes machte die Kirche in noch weiterer Entfernung sichtbar und gab ihr die (gewollte) Funktion als Seezeichen für die Watt- und Küstenschifferei. Mit der Entstehung des Turmes verknüpft sich eine Sylter Sage, der wir uns im Vorbeigehen nicht verschließen wollen: An der Westfront des Turmes erkennen Sie in Haupteshöhe zwei große Findlinge mit den Namen Ing und Dung. So hießen die beiden Nonnen, die das Geld für den Turmbau spendierten, und Ing-Dung, so lautete auch der Schall der Glocke, der fortan über Insel und Meer zog. Dies erregte den Neid der Hoyeraner, und sie beschlossen, die Glocke zu stehlen. Die Keitumer jedoch erfuhren von dem Plan, befestigten ein Pferdehaar am Glockenklöppel, so daß fortan der schöne Schall gebrochen war. Die Festländer ließen daraufhin ihre Absicht fallen. Einige übermütige Keitumer Jungen jedoch wollten dem Spuk nicht trauen: Sie läuteten die Glocke wie wild, bis sie herabstürzte und einen von ihnen unter sich begrub (tatsächliche Begebenheit am zweiten Weihnachtstag 1739, als Sören Sörensen erschlagen wurde). Ing und Dung hatten die Prophezeiung ausgesprochen, daß dereinst ein übermütiger Junge und ein eitles Mädchen von der Glocke erschlagen würden. Seitdem machen viele junge Frauen einen großen Bogen um den Turm, Hochzeitspaare weigerten sich gar, die Kirche durch das Turmportal zu betreten, so daß es später zugemauert wurde.

Nach der Besichtigung des Kircheninnern empfiehlt sich ein Spaziergang über den Friedhof. Die Namen auf den Grabsteinen lesen sich wie ein Buch über die berühmten Persönlichkeiten der Insel und von außerhalb.

Wer sich im folgenden auch Keitum genauer ansehen möchte, der kann dies auf unserer Keitum-Wanderung tun, die an der Ortseinfahrt der Keitumer Landstraße beginnt. Nehmen Sie das Fahrrad mit, dann können Sie am Ende der Wanderung gleich weiterfahren Richtung Archsum. Für die Eiligen geht es auf folgender Route weiter: Der Schotterweg an der Südseite der Kirche nach Osten führt bis zum *Kirchenweg,* auf diesem fahren wir schnurstracks durch den ganzen Ort, überqueren dabei die schöne *C.-P.-Hansen-Allee* und stoßen schließlich am östlichen Ortsausgang auf den *Gurtstich,* den wir gleich wieder links in den *Ingewai* verlassen.

Es schließt sich eine wunderschöne stille Tour über den Landwirtschaftsweg des *Archsum-Anwachs* an, der für den allgemeinen Fahrzeugverkehr gesperrt ist. Linker Hand die reichen Marschwiesen mit bunt durcheinander trällernder Vogelwelt (Rotschenkel, Austernfischer, Ufer- und Pfuhlschnepfen, Ringelgänse, verschiedene Entenarten), rechter Hand in 300 Meter Entfernung der Bahndamm, auf dem die Züge wie Spielzeugeisenbahnen vorbeiziehen.

Bei Sturmfluten aus nordwestlicher Richtung steht das gesamte Gebiet bis zum Bahndamm unter Wasser, vor dem Bau der Bahnlinie (1927) trennte das Meer bei höheren Fluten die Orte Archsum und Morsum vom Rest der Insel. Die Schlickablagerungen nach den Fluten ließen einige Hügelgräber der Vorzeit „kragentief" in der Marsch verschwinden. Haben Sie sie entdeckt?

Der geteerte Anwachsweg macht eine Rechtskurve, dann führt er im Zickzack über den Bahndamm hinweg. Im Süden vor uns liegt jetzt der kleine Ort *Archsum,* der *Heleeker* führt direkt ins Zentrum hinein.

Heute darf man Archsum als den stillsten Ort der Insel bezeichnen, nur auf der Hauptstraße, die wir westlich der *Kurverwaltung* überqueren, herrscht reger Durchgangsverkehr. Ein kurzer Exkurs in die Eisenzeit gefällig? Dann folgen Sie mir bitte in den *Uaster Reeg* nach Süden, dann am Ortsende rechts in den *Melnknop* hinein, am *Deichweg* wieder nach links, bis wir die *Tjüls-Wehle,* einen kleinen Wasserlauf, überqueren. Stopp, denn hier ist die Eisenzeit zu Ende. Nördlich der Tjüls-Wehle lag um Christi Geburt die wohl bedeutendste Ansiedlung Sylts. Beim Hausbau und beim Pflügen fand man später Überreste aus dieser Zeit; durch Überfliegen des Gebiets ließ sich der Grundriß des ehemaligen Ortes rekonstruieren. Die Häuser der Eisenzeit standen auf Wohnhügeln, sogenannten *Tells,* von denen allein 22 im Bereich des heutigen Archsum festgestellt wurden; ferner erhob sich hier die *Archsumburg.* Während ihre Existenz nur durch Grabungen nachgewiesen werden konnte, sind die manchmal meterhohen Wohnhügel zum Teil noch sichtbar. Schauen Sie sich einmal genauer um!

Wer will, mag auch einen Abstecher zum jüngst erhöhten Nösse-Deich einplanen, der Blick über Watt und Marsch ist allemal sehenswert. Bei einem Spaziergang am Deichfuß entlang stoßen Sie überdies auf Überreste alter Steingräber, die z. T. über 4000 Jahre alt sind. Für die Weiterfahrt nach *Morsum* nehmen wir nicht die turbulente Hauptstraße, sondern radeln auf der südlichen Parallelstraße, in Archsum *Weesterstich* genannt. Nur einmal schlägt sie einen kleinen Haken nach links, ändert mehrfach ihren Namen, doch unser nächstes Ziel ist schon deutlich sichtbar: die Morsumer Kirche *St. Martin.* Wer den Baustil alter Inselkirchen noch nicht kennt, wird sicher ein wenig suchen müssen. Während andere alte

Morsum-Kliff

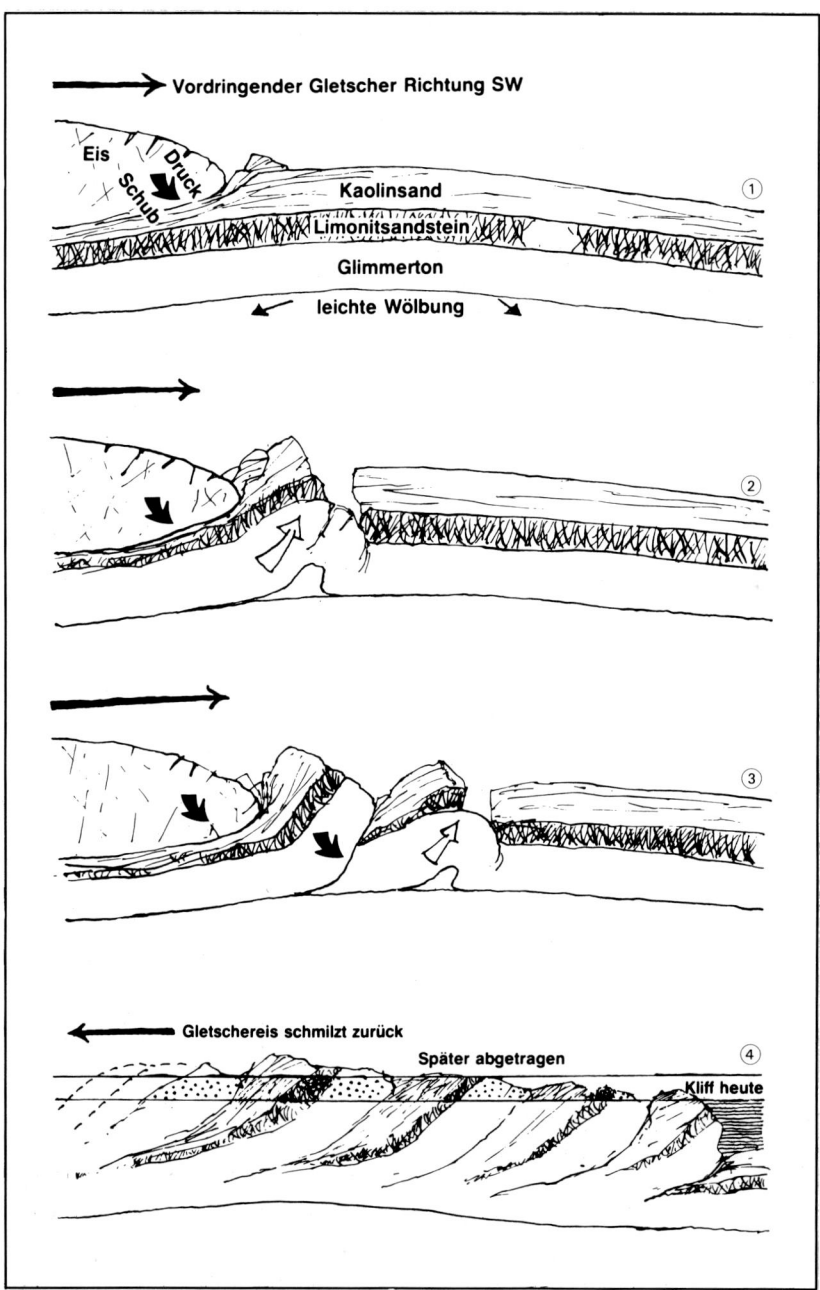

Inselkirchen wie St. Niels in Alt-Westerland oder St. Severin in Keitum
später einen Turm erhielten, hat man die kleine Morsum-Kirche im ursprünglichen Zustand belassen. Der Glockenstapel, ein dunkel gestriche-
ner Holzturm, steht im Westen der Kirche. In ihren übrigen Teilen sieht
St. Martin wie eine verkleinerte Ausgabe der Keitumer Kirche aus; tatsächlich entstand sie in den gleichen Jahrzehnten gegen Ende des 12. Jahrhunderts, ob vom selben (englischen) Baumeister, ist ungewiß.
Die Gedenktafel über dem Chorbogen gibt über eine besonders schwere
Zeit Auskunft: den Dreißigjährigen Krieg, der 1628 den Umbau des Got-
teshauses zur Wehrkirche mit sich brachte; im Jahre darauf wütete auf
Sylt die Pest, der viele Menschen zum Opfer fielen.
Nach einem Rundgang über den Friedhof steigen wir wieder aufs Fahrrad, fahren den *Serkwai* nach Norden bis zum „Ortszentrum" von Morsum, wo Bahnhof, Kneipe, Café und Haus des Kurgastes zu finden sind.
Morsum ist, das haben Sie bei Ihren Rundblicken über die Marsch längst
gesehen, eine typische Streusiedlung; erst vor einigen Jahren bildete sich
so etwas wie ein Zentrum heraus. Von hier aus können Sie zwei Wege zum
Morsum-Kliff einschlagen, vielleicht benutzen Sie für den Hinweg den einen, für den Rückweg den anderen. Der erste führt westlich des Bahnhofs
über die Gleise, danach folgen Sie der Ausschilderung Richtung Morsum-
Kliff in östlicher Richtung; der zweite geht die Hauptstraße entlang, über
die Gleise bei *Litjmuasem* (Kleinmorsum) und ist ebenfalls gut ausgeschil-
dert.
Am Informationswagen der Naturschutzgemeinschaft Sylt sollten Sie Ihr
Fahrrad abstellen, denn der weitere Weg darf nur zu Fuß zurückgelegt
werden. Dies ist ein Verdienst des betreuenden Vereins, denn noch Anfang der 70er Jahre waren Moto-Cross-Rallyes, ungehinderte Buddeleien
und sonstige Zerstörungen am Kliff an der Tagesordnung, obwohl es seit
1923 unter Naturschutz steht.
Das Morsum-Kliff darf als eines der bedeutendsten geologischen Denk-
mäler Deutschlands angesehen werden. Wie nirgendwo sonst sind hier
Erdschichten aus den zurückliegenden zehn Millionen Jahren, vom Jung-
tertiär bis zur Jetztzeit, aufgeschlossen, die älteren in einzigartiger Weise.
Die ursprünglich nahezu waagerecht übereinanderliegenden Schichten
des Glimmertons (elf bis neun Millionen Jahre alt), des Limonitsandsteins
(neun bis sieben Millionen Jahre alt) sowie des Kaolinsandes (sieben bis
zwei Millionen Jahre alt) wurden unter Einwirkung gewaltiger Gletscher
der Saalevereisung vor mehr als 120 000 Jahren zerbrochen, aufgestaucht

und in fünffacher Anordnung schräggestellt. Dieser Prozeß ermöglicht einen einmaligen Einblick in die Landschaftsgeschichte des Raumes: Das Gebiet entwickelte sich damals – durch Landhebungs- und/oder Meeressenkungsprozesse bedingt – von einem flachen Lagunenmeer unter tropischen Bedingungen (Ablagerungen des schwarzen Glimmertons) zum Mündungsgebiet eines gewaltigen, von Skandinavien bis nach Holland reichenden Flusses (Ablagerung des Kaolinsandes). In der Zwischenzeit – als sich die Region dem Einfluß des Meeres entzog – lagerte sich Meeressand ab, der später zum Limonit verkrustete.

Wenn man bedenkt, daß allein der zuoberst lagernde Kaolinsand eine durchschnittliche Mächtigkeit von 80 Metern unter Sylt aufweist (Sie sehen ihn ebenfalls in den Braderuper Kiesgruben sowie am Roten Kliff), wird einerseits die enorme Kraft der Gletscher deutlich, die ihrerseits noch eine weniger mächtige Schicht eiszeitlichen Geschiebelehms hinterließen. Aus nacheiszeitlichen Epochen stammen die Dünen, ferner ist die eigentliche Kliffbildung ein Prozeß der jüngsten (geologischen) Zeit.

Aufschluß über die verschiedenartigen Epochen geben auch die zahlreichen Versteinerungen, die im Informationswagen besichtigt werden können. Geübte Sammler finden auch heute noch, obwohl das Graben am Kliff verboten ist, vieles am Flutsaum: hübsche Ochsenmuscheln, Krebsknollen, die Astarten genannten Muscheln und sternförmige Stielabschnitte der Seelilie, die allesamt wärmere Zeiten erlebt haben.

Außer dem eigentlichen Kliff gehört die Dünen- und Heidelandschaft bis hin zum Parkplatz zum Naturschutzgebiet. In der Heide lassen sich bei näherer Betrachtung drei verschiedene Zwergsträucher unterscheiden, die Besenheide, die Glockenheide und die Krähenbeere, die hier, im Gegensatz zu vergleichbaren Landschaften im Binnenland, schon seit Jahrtausenden gedeihen. Selbst die an verschiedenen Stellen aufragenden Hügelgräber aus der Stein- und Bronzezeit wurden bereits auf Heideböden errichtet. Von den vorzeitlichen Grabhügeln, die hier besonders häufig sind, fallen der *Munkhoog* aus der Bronzezeit unmittelbar hinter dem Restaurant, die ebenso alte Hügelkette des *Markmannshoog* und die einzige auf Sylt noch erhaltene Hügelgruppe aus der Wikingerzeit im Westen und Südwesten besonders auf. Die markant gelegene Hügelgruppe des Markmannshoog erreichen Sie bei der Umrundung der Nössekuhle (heute ein Anglerparadies, im Rahmen des Dammbaus entstanden).

Für die Rückkehr – nach ausgiebigem Kaffeetrinken, versteht sich – sei der Weg an, auf oder vor dem *Nösse-Deich* empfohlen (je nach Richtung des Windes), der Sie bis in die Höhe Keitums beim Schöpfwerk bringt, von wo aus Sie über die Tinnumer Marschwiesen nach Westerland zurückfinden.

Nach dieser Tour, auf der Ihnen – meist auf dem Rückweg – der Wind von vorne entgegenbläst, ist Ihnen eine gesunde Nachtruhe gewiß.

Wanderung an der Hörnum-Odde: Bilder vom Werden und Vergehen

Wenn es so etwas wie ein Pflichtprogramm für Sylt-Freunde gäbe: die Wanderung um die Sylter Südspitze gehörte dazu! Hier, im „sonnigen Süden" der Insel, spielen sich Vorgänge ab, die in dieser Form wohl an keiner anderen Küste Europas beobachtet werden können. Seit gut zwei Jahrzehnten nämlich zerstört das Meer mit geradezu atembetaubender Geschwindigkeit die Westküste, ferner das Südende der Hörnum-Odde.

Auf unserer Wanderung jedoch werden wir nicht nur mit Zerstörung konfrontiert. An der Ostküste der Odde erleben wir die Kraft der Natur zur Regeneration: Hier wächst die Insel noch.

Ausgangspunkt unseres Weges ist der *Hörnumer Hafen,* den Sie problemlos mit jedem Verkehrsmittel erreichen können. Achten Sie bei Ihrer geplanten Wanderung auf die Gezeiten: Die Stunden um Niedrigwasser seien empfohlen, denn es läßt sich auf hartem Ebbestrand nicht nur besser laufen, sondern auch besser sammeln und entdecken. Ab Windstärke vier bis fünf kann man die Odde zur Hochwasserzeit nicht mehr umrunden, denn die Wellen laufen an der Westküste an den Dünen empor. Weil am Dünenfuß gefährliche treibsandartige Flächen entstehen, sollte man bei höherer Flut auf gar keinen Fall dort entlanglaufen! Ab Windstärke sechs bis sieben wird darüber hinaus das *Muscheltal* von der Ostseite her überflutet, so daß eine Umwanderung der Odde nicht mehr möglich ist. Generell seien Gummistiefel empfohlen, in der wärmeren Jahreszeit kann man die Strecke barfuß zurücklegen.

Der Bau des Hafens Mitte der 30er Jahre fällt mit der Hauptwachstumsphase des Ortes zusammen: Vorher existierten, wie erwähnt, lediglich der Leuchtturm samt Wärterhaus, der Bahnhof sowie einige weitere mit dem Bau der Inselbahn verbundene Gebäude. Nun aber wurde Hörnum militärisch ausgebaut, und eine gewaltige Krananlage zum Heben großer Wasserflugzeuge sollte entstehen. Verrostete Stahlspundwände zwischen Dünen und Watt, etwa 300 Meter nördlich des Hafens, sind Zeuge der damaligen Vorhaben.

Der Leuchtturm, das Wahrzeichen des Ortes, sendet seit 1907 seine Signale über die Untiefen des Vortrapptiefs*, bei guter Sicht mit einem Radius von über 40 Kilometern. Leider kann er – wie alle anderen Leuchtfeuer Sylts – heute nicht mehr besichtigt werden, aber stellen Sie sich bitte die Romantik der Hörnumer „Schule" vor, deren Klassenzimmer bis in

* Wasserarm zwischen Sylt und Amrum

die 30er Jahre im weißen Ring des Turmes untergebracht war. Bei den damals drei Schülern kein Problem...

Wir laufen vom Hafen auf der kleinen Hörnumer Promenade Richtung Süden. Halblinks vor uns liegt die Insel Föhr, fast im Süden sind die weißen Dünen der Amrum-Odde zu erkennen (klare Sicht vorausgesetzt). Die Ausflugsdampfer zu den Nachbarinseln, zu den Halligen und Helgoland verlassen den Hafen etwa zwischen acht und elf Uhr, so daß Sie sie bei einem morgendlichen Spaziergang unweit des Ufers vorbeiziehen sehen.

Haben Sie Nordwestwind? Dann achten Sie bitte auf die wehenden Fahnen am Nordende der Hafenpromenade: Alle wehen stramm nach Südosten, nur eine fällt aus der Rolle und schlägt in die andere Richtung! Luftwirbel im Lee der Dünen sorgen für dieses Phänomen, welches – wie gesagt bei Nordwestwind – immer ein orginelles Foto wert ist.

Am Ende der erst 1987 verlängerten Promenade ist die letzte Möglichkeit zur Stärkung gegeben: „Südkap" heißt das Café (mit angeschlossener Katamaranschule), von dessen geschützter Terrasse traumverlorene Blicke zur Südspitze und zu den Nachbarinseln möglich sind.

Ich hoffe, Sie haben wirklich die Zeit um Niedrigwasser für Ihre Wanderung gewählt! Ist der flache, feste Sandstrich nämlich erst einmal überflutet, erwartet Sie ein recht anstrengender Marsch durch den weichen Sand des oberen Strandbereichs. Aber nur Mut, denn es sind nur wenige hundert Meter, bis der Strand sich bessert.

Zum Schutz der Dünen (auch hier bricht bei Sturmflut ständig etwas ab) hat man am Fuße einen Zaun gezogen, etwas weiter südlich stehen in regelmäßigen Abständen kleine Hinweisschilder, die das Betreten untersagen – was viele Wanderer nicht hindert, trotzdem hineinzulaufen. Die ständige Ausrede, es gäbe keine Toilette am Strand, darf man wohl nur als mangelnde Umweltmoral werten, zumal die Wanderung keine zwei Stunden dauert.

Unten am Wasser stehen in regelmäßiger Anordnung neun sogenannte Stahlspundwandbuhnen, die Mitte der 30er Jahre zum Schutz der Ostküste angelegt wurden. Doch der zentimeterdicke Stahl zeigte sich den Naturkräften auf Dauer nicht gewachsen: Die ursprünglich erheblich weiter in die See hinausgebauten Buhnen wurden hier jedoch nicht – wie an der Westküste der Insel – Opfer des Sandschliffs in der Brandungszone, sondern gingen an der starken Gezeitenströmung zugrunde. In kalten Wintern legt das Meereis, das durch die Strömung hier bisweilen meter-

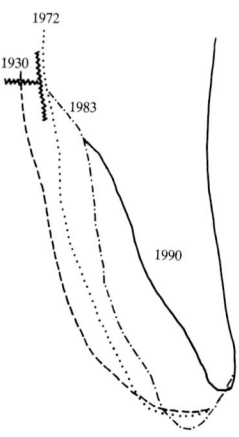

Rückverlagerung der Dünenabbruchkante an der Westküste der Hörnum-Odde

hoch gestapelt wird, die Spundwände schließlich um. Trotzdem erfüllen die Buhnen in diesem Teil der Insel die ihnen zugedachte Funktion. Sie halten bis auf den heutigen Tag die Strömung vom Ufer ab (siehe S. 32f.).

Der Strandwanderer muß die Buhnen je nach Gezeitenstand see- oder landseitig umgehen, wobei zu allen Jahreszeiten interessantes Angespül auffällt: Meersalat, Seegras, Miesmuscheltang, daneben Mies-, Herz- und Sandklaffmuscheln, ferner Krebspanzer und manchmal ein gestrandeter Fisch weisen auf den Watteneinfluß hin, dem dieser Strandabschnitt stärker unterliegt als die Uferbereiche an der Westseite der Insel (siehe auch S. 134ff.).

Nachdem wir die letzte dieser Buhnen hinter uns gelassen haben, ändert sich der Strand: Wir kommen hier, wie erwähnt, in eines der seltenen Gebiete Sylts, wo noch ein Zuwachs an Inselsubstanz zu verzeichnen ist, wenn auch auf Kosten des Abbruchgeschehens an der Westküste der Odde.

Um einen genaueren Einblick in diese Vorgänge zu bekommen, folgen Sie mir bitte an den höheren Strand. Sie gelangen bald vor eine weite Öffnung in dieser Dünenwelt, den Nordosteingang zum sogenannten *Muscheltal*, das den Sommer über wegen der dort brütenden und rastenden Vögel nicht betreten werden darf. Dieses Muscheltal ist ursprünglich nicht auf einen Durchbruch des Meeres zurückzuführen, sondern ein Ergebnis dessen, daß in vergangenen Jahrhunderten die Südhalbinsel ständig südwärts gewachsen ist. Leider ist dieser Prozeß der Inselverlängerung niemals exakt beobachtet worden, doch läßt sich aus den anzutreffenden Dünenformen folgende Vorstellung gewinnen: Der an der Westküste der Insel abbrechende Sand wird von der küstenparallelen Strömung bis auf Sandbänke südwestlich des Inselendes transportiert. Diese füllen sich auf und wandern schließlich – nachdem sie eine bestimmte Höhe erreicht haben – in östliche Richtung, bis sie Anschluß an die ehemalige Inselspitze haben. Der Sand wird bei starkem Wind zu Dünen einer ganz charakteristischen Form aufgeweht: Wie eine Sichel schuppen sich Dünenhaken, die ein tiefes Tal umschließen, vor. Dies behält an der Ostseite eine natürliche Öffnung zum Meer, im Westen wird es lediglich durch eine relativ schmale Randdüne geschützt. Aus diesem Aufbau der Dünenwelt, wie wir ihn an der Südspitze Sylts finden, ergeben sich zumindest zwei Konsequenzen:

Im Osten bleibt eine natürliche Öffnung, die bei höheren Fluten (ab

Windstärken sechs bis sieben) dem Wasser Einlaß in das tiefliegende Tal bietet.

Akute Durchbruchsgefahr ist bei Zerstörung der westlichen Randdüne gegeben, weil das Wasser in diesem Fall ohne weiteres quer über die Insel fließen kann.

Diese Situation ist an der Odde längst eingetroffen, doch wollen wir uns die damit verbundene Zerstörung besser nach Umrundung der Südspitze ansehen. Hier, in diesem geschützten Teil der Ostküste, scheint die Welt noch in Ordnung zu sein. Am Ausgang des Muscheltals, ferner vor der südlich angrenzenden Düne lassen sich die Stadien neuer Dünenentstehung hervorragend beobachten. In den Bereichen höherer Winterspülsäume haben die Samen der Salzmiere ihren Nährboden gefunden. Ein dichter Bewuchs dieses niedrigen, fleischigen Nelkengewächses zieht sich bandartig am Dünenfuß entlang und bietet dem heranfliegenden Sand zwischen Brettern, Plastikflaschen, herangeschwemmten Algen und sonstigem Angespül ersten Halt. Auch andere salztolerante Pflanzen finden Sie hier ohne vieles Suchen: Salzmelde, Kalisalzkraut und den Meersenf, eine der hübschesten Pflanzen dieser „Spülsaumgesellschaft". Beim Herumschauen können Sie beobachten, wie sich im Bereich dieser *Primärvegetation* kleine Sandhäufchen bilden, die an einigen Stellen bereits Höhen von über einem Meter erreicht haben. Sogenannte Primärdünen sind entstanden, die bald eine eigene, typische Vegetation tragen: den *Strandweizen*, der kleiner und feingliedriger aussieht als das „Dünengras", wie der *Strandhafer* meist von den Gästen genannt wird, und den *Strandroggen,* der größer, deutlich breitblättriger und bläulicher erscheint als die anderen genannten Gräser. Dies ist die Geburtsstunde junger Dünen; man mag sich ausmalen, wie lange der Prozeß andauern muß, bis Höhen über 20 Meter erreicht sind. Insbesondere die ständige Sandzufuhr durch den Wind muß stimmen, sonst ist das Dünenwachstum schnell am Ende. Im Sommerhalbjahr wird dieses kleine Primärdünengebiet von den Mitarbeitern der Schutzstation Wattenmeer meist eingezäunt, denn in diesem sensiblen Bereich machen sich Trittschäden besonders bemerkbar. Sie können diese beschriebene Entwicklung jedoch auch außerhalb der Umzäunung gut beobachten.

Nach diesem Exkurs in die Entstehungsgeschichte der Dünenwelt (die weiteren Phasen sehen wir auf unserer Fahrradtour von Westerland nach List, siehe S. 95 f.) nähern wir uns dem südlichsten Stück Land der Insel, das wie kein anderes unter der Gewalt von Brandung und Strömung zu leiden

Folgende Doppelseite: Besonders nach stürmischen Tagen sind abenteuerliche Strandfunde an der Tagesordnung: Dieses Wrackteil eines alten Schiffes fand sich an der Hörnum-Odde.

hat. Vergleicht man die heutige Situation der Südspitze mit verschiedenen Kartenwerken der vergangenen zwei Jahrhunderte (die du Plat'sche Karte von 1793 ist das älteste vermessungstechnisch exakte und damit vergleichbare Werk), so wird – neben einer leichten West-Ost-Verschiebung – das Vor- und Zurückweichen der Südspitze deutlich. Phasen des Anwachsens standen solchen des verstärkten Abbruchs entgegen, und in diesen Jahren scheinen wir die schlimmsten Landverluste der zurückliegenden Jahrhunderte zu erleben.

Allein in den Jahren zwischen 1978 und 1990 gingen an der Westküste der Odde bis zu 300 Meter Dünen verloren. Direkt an der Südspitze verschwand innerhalb der letzten fünf Jahre eine über 100 Meter breite Sandplatte mit einem neuen, bereits in der Entstehung begriffenen Dünengürtel. Ist dies wiederum nur eine Phase des Rückschritts, oder haben wir es hier – durch den immer stärker ansteigenden Meeresspiegel bedingt – mit dem Anfang vom Ende der Insel Sylt zu tun?

Letztere Annahme scheint berechtigt, besonders wenn wir im weiteren die Südspitze hinter uns lassen und den Weg an der turbulenten Westseite der Odde entlang in Richtung Norden antreten. Der Strand ist sehr schmal, selbst bei nur schwachen Winden steht das Meer zur Hochwasserzeit unmittelbar am Dünenfuß; das frische Dünenkliff (man erkennt die Schichten der Sandaufwehung noch) bezeugt jüngste Abbrüche. Das herumliegende Wurzelgestrüpp der Krähenbeere verdeutlicht die Rasanz der Dünenverluste, denn bei einem gemäßigten Abbruchgeschehen wird die in den Dünentälern wachsende Krähenbeere zunächst von der vom Meer angeschnittenen Randdüne überwandert, so daß die knorrigen Wurzeln vermodert sind, bevor sie an den Strand geraten. Hier aber wurden in kürzester Zeit ganze Weißdünenzüge zerstört, so daß die Krähenbeere direkt an die Abbruchkante gerät – ein sonst nirgends auf Sylt zu beobachtendes Phänomen.

Gleich nach der Umrundung der Spitze kommen wir an den *Westdurchbruch* des Muscheltals, an dessen natürlicher Ostöffnung wir vorhin standen. Dieser Durchbruch ereignete sich bereits bei einer Sturmflut des Jahres 1974, konnte jedoch zunächst durch Einsatz von Sandfangzäunen und Bepflanzungen mit Strandhafer immer wieder geschlossen werden. Weitere Sturmfluten verbreiterten den Durchbruch, der anfänglich gerade 50 Meter maß, so daß auch der Einsatz von Planierraupen, die einen künstlichen Sandwall aufschütteten, auf Dauer nichts nützte.

Immer größer wurde die Verletzung der Düne, immer häufiger überströmte das Wasser die Insel, bis von der noch vor wenigen Jahren im Muscheltal blühenden Salzwiese nichts mehr übrig war als eine große Sandebene, die alles unter sich begrub. Daß hier Werden und Vergehen unmittelbar nebeneinanderliegen, beweist das Primärdünengebiet am östlichen Strand, dessen Entstehung durch diese neue Sandanlieferung erst ermöglicht wurde.

Wenige hundert Meter weiter nördlich hat sich in den letzten Jahren ein weiterer Einbruch ereignet, was die Frage aufkommen läßt, ob auch an anderen Stellen mit weiteren Durchbrüchen, sprich: einer Zerstückelung der Insel, zu rechnen ist. Die Antwort auf diese immer wieder geäußerte Vermutung ist ein klares Nein. Sturmflutbedingte Durchbrüche sind zwar, wie wir hier an der Odde sehen, prinzipiell möglich, da das Wasser im östlich angrenzenden Wattenmeer jedoch nahezu die gleiche Höhe wie an der Westküste einhält, kann es nie zu einem dauerhaften Überströmen in den Dünenbereichen kommen. Auch die küstenparallele Dynamik des Sands sorgt – längerfristig gesehen – immer wieder für ausgleichende Anlieferungen, was den gefährdeten Küstenabschnitt zusätzlich stabilisiert.

Anders ist die Situation bei Deichbrüchen, wo eine gewaltige angestaute Wassermasse schlagartig große, tiefliegende Bereiche überströmt und dauerhaft überfluten kann.

Zwischen den beiden eben genannten Einbrüchen stand noch bis zum März 1979 das kleine Hörnumer Unterfeuer am Rande der Düne; nun liegt es längst seeseitig des Strandes und ist selbst bei tiefen Wasserständen nicht mehr zu sehen.

Verblüffend ist ein Vergleich der Abbruchraten dieses Strandabschnitts mit der Situation wenige Kilometer weiter nördlich. Dazu einige Zahlen. Zwischen 1972 und 1983 wurden an verschiedenen Stellen der *Hörnum-Odde* folgende mittlere Abbrüche gemessen:

Südliches Dünenende	14,6 Meter pro Jahr
Muscheltal	15,9 Meter pro Jahr
ehemaliges Unterfeuer	14,2 Meter pro Jahr
Südlich des Tetrapodenwerkes	14,3 Meter pro Jahr

Im Zeitraum zwischen 1972 und 1980 betrugen die durchschnittlichen Abbrüche im Norden Hörnums:

100 Meter nördlich der Tetrapoden	4,0 Meter pro Jahr
Campingplatz Hörnum	3,0 Meter pro Jahr
Hörnum-Nord	3,6 Meter pro Jahr

Der jährliche Rückgang der Abbruchkante zwischen Sansibar und Westerland betrug zwischen 1951 und 1984 0,9 Meter pro Jahr (alle genannten Zahlen aus dem Fachplan Küstenschutz Sylt). Die Daten belegen die schlimme Situation der Odde: gut vier- bis fünfmal so starke Abbrüche wie im Norden Hörnums und gut 15mal so starke Abbrüche wie im Strandbereich zwischen Sansibar und Westerland.

Wie kommt es zu diesen gravierenden Unterschieden in Strandabschnitten, die nur wenige Kilometer auseinanderliegen? – Wir sehen die Antwort schon. Vor uns zeichnet sich in den Dünen die sogenannte *Kersig-Siedlung* ab, die 1959/60 erbaut wurde. Schon damals erhob die Wasserwirtschaftsverwaltung Einspruch, obwohl noch eine riesige Düne die Häuser für den Strandläufer unsichtbar machte.

In der Sturmflutnacht vom 16. auf den 17. Februar 1962 geschah dann – viel früher, als es selbst Pessimisten vorausgesagt hatten – das Unvermeidliche: Die hohe Randdüne westlich der Siedlung wurde auf einer Breite von rund 250 Metern restlos zerstört, der Strand erstreckte sich plötzlich bis unmittelbar vor die Hauptdüne, auf der die Häuser standen.

In Reaktion auf diese bedrohliche Situation gelang es zunächst, den Durchbruch mittels Sandfangzäunen und umfangreicher Bepflanzung zu schließen, doch wurde in den Jahren 1967/68 zusätzlich eine Tetrapodenanlage errichtet, die bald zum großen Problemkind im Sylter Küstenschutz werden sollte.

Ohne wissenschaftliche Voruntersuchungen baute man ein 700 Meter langes Längswerk am Dünenfuß vor der Siedlung und an dessen südlichem Ende ein 300 Meter langes Querwerk in die See hinaus. 7000 Tetrapoden wurden gegossen und verlegt – für 600 Mark pro Stück. Was daraufhin passierte, können Sie bei Ihrer weiteren Wanderung nachvollziehen.

Man läuft heute in einem Bereich des Strandes, der noch Ende der 60er Jahre zu den Dünen gehörte, denn das damalige Dünenkliff verlief seewärts der heutigen Niedrigwasserlinie. Die Abbrüche innerhalb dieser Zeit überschreiten längst die 200-Meter-Marke, was einer Verfünffachung der vorherigen natürlichen Abbruchrate entspricht.

Wie konnte es dazu kommen? Die in diesem Teil der Küste von Norden kommende Strömung wurde nicht – wie erhofft – durch die in die See hineingebaute Tetrapodenkette gestoppt bzw. abgelenkt, sondern sie umspülte diese und ließ auf den äußeren 150 Metern die Tetrapoden mehrere Meter tief absinken. Im Strömungsschatten bildete sich eine sogenannte Lee-Erosion aus, das heißt, der Vorstrandbereich wurde durch eine Strömungsverwirbelung ausgekolkt – so ist der verstärkte Abbruch auch an den Dünen leicht erklärlich.

Mit diesem Phänomen der Lee-Erosion hatten schon die Buhnenbauer vor weit über hundert Jahren zu kämpfen; man zog die Konsequenzen und baute die Buhnen enger zusammen (vorher 500 Meter Abstand voneinander, anschließend 167 Meter), was zumindest die verstärkten Abbrüche wieder reduzierte.

Eine derartige Lösung jedoch kommt für Hörnum allein aus Kostengründen nicht in Betracht, ferner ist zu berücksichtigen, daß bei einer Verlängerung des Längswerks mit einer Auskolkung des Strandes unmittelbar vor den Tetrapoden zu rechnen wäre. Ob die in jüngster Zeit zu beobachtende ständige Vertiefung eines Seitenarms des Vortrapptiefs unmittelbar südwestlich der Südspitze ebenfalls auf die blockierende Wirkung der Tetrapodenanlage zurückzuführen ist oder nicht, eines steht fest: Wir stehen hier vor einem der größten Mißerfolge (um das Wort Katastrophe zu vermeiden) des deutschen Küstenschutzes, der bei einer umsichtigeren Planung nicht eingetreten wäre. Doch die einflußreichen Bewohner der Kersig-Siedlung (darunter ein Bundesminister) bestimmten erfolgreich das Tempo der Baumaßnahmen...

Einer Sprengung oder dem Abtransport der Tetrapoden stehen zum einen die kalkulierten Kosten von etwa zwei Millionen Mark und zum anderen die Tatsache entgegen, daß die mittlerweile halbinselartig vorgeschobene Siedlung in nur wenigen Jahren der küstenausgleichenden Strömung zum Opfer fallen würde. Man entschloß sich daraufhin, das Problem – nun auch mit wissenschaftlicher Begleitung – unter dem Sand verschwinden zu lassen, das heißt, auch hier regelmäßige Sandvorspülungen vorzunehmen. Nach zwei Bedarfsspülungen in den Jahren 1983 und 1986 wurden im Frühsommer 1990 über 1 000 000 Kubikmeter Sand über die Tetrapoden gespült, wodurch diese zwischenzeitlich verschwanden. Der Abbruch der Siedlung konnte so zunächst gestoppt werden. Die südlich angrenzende Odde jedoch scheint langsam im Meer zu verschwinden.

Zum Abschluß der Wanderung empfehle ich, nach Überquerung der Tetrapoden den Dünenüberweg bei der Strandsauna zu nehmen und nach einer Linkskurve den Pfad durch die Kersig-Siedlung einzuschlagen. Von hier oben erkennen Sie besonders gut deren mittlerweile exponierte Lage, ferner haben Sie nochmals den Blick über die gesamte Odde und die zurückgelegte Wanderstrecke. Und im Osten, links unterhalb des Leuchtturms, liegt bereits das ersehnte Ziel unserer Wanderung, der Hörnumer Hafen.

Wanderung durch Rantum: Geschichte eines fliehenden Dorfes

Wir radelten bereits auf unserer Fahrrad-tour von Westerland nach Hörnum durch die kleinste Gemeinde der Insel (500 Ein-wohner) und sahen, wie jung die Bebauung der Dünen ist: 95 Prozent der Häuser stammen aus der Zeit nach dem Zweiten Weltkrieg, die meisten entstanden in den 60er und 70er Jahren. Man fragt sich, wo bei einem so jungen Ort die Geschichte liegen soll.

Lassen Sie uns zur Beantwortung der Frage in die *Rantum-Inge* hinablau-fen, das Marschenwiesengebiet im Osten des Ortszentrums. Sie erreichen es – von Westerland kommend – entweder über die *Alte Dorfstraße*, oder wenn Sie vor der Ampelanlage beim Kiosk links in die *Strandstraße* ein-biegen.

Vor Ihnen liegen heute im *Merret-Lassen-Wai* sieben Häuser, von denen zwei – mit Abstrichen – als „historisch" anzusehen sind: das nördliche Haupthaus *Raantem-Inge* aus dem Jahr 1818 sowie die *Alte Strandvogtei*. Mit Abstrichen deshalb, weil beide zwar nicht mehr ihr ursprüngliches Mauerwerk zeigen, aber zumindest noch an gleicher Stelle stehen. Auch das südlichste Ingehaus hat einen Vorläufer aus dem 19. Jahrhundert, doch wurde das neue in gänzlich anderem Stil errichtet.

Das am ursprünglichsten erhaltene Haus findet sich in der Rechtskurve der Alten Dorfstraße, etwa 100 Meter südlich der Einmündung des Mer-ret-Lassen-Wais. Diese vier Häuser bildeten – gemeinsam mit einem 300 Meter weiter südlich gelegenen – in der „Fünf-Häuser-Zeit", die von den letzten 30 Jahren des 19. Jahrhunderts bis zum Ersten Weltkrieg dauerte, den Ort Rantum. Die in diesen Häusern lebenden fünf Familien waren nicht daran interessiert, daß weitere Menschen ansiedelten, denn sie be-wirtschafteten das gesamte Gebiet vom Baaktal südlich der Eidum-Vo-gelkoje bis zur Sylter Südspitze – den Ort Hörnum gab es noch nicht. Und sie lebten nicht schlecht: Ihr Geld verdienten sie durch die Verpach-tung großer Teile ihres Grundbesitzes, mit der Rantumer Vogelkoje (noch heute ist der Kojenteich im südlich des Ortes gelegenen Burgtal zu sehen, der Betrieb wurde 1927 eingestellt), durch eigene Viehhaltung und durch das Flechten von Dachreep aus Strandhafer. Die Rantumer waren in dieser Zeit die einzigen Sylter, die nichts in die Gemeindekasse zu zah-len hatten, sondern – im Gegenteil – eine Menge Geld daraus bezogen. Das große Problem dieser niedrig gelegenen Siedlung waren die Sturmflu-

Folgende Doppelsei-ten:
Fünf-Häuser-Zeit in Rantum: Im Jahre 1890 übernahm Thomas Nissen die Gastwirtschaft im heutigen Hause „Raantem-Inge" von seinem Vater Jakob Lorenz. Das Photo zeigt die Situation der berühmten Inge-Häuser um die Jahr-hundertwende.

Am Rantumer Strand wird Ge-schichte wieder le-bendig: Die östlichen Ortsteile von Alt-Rantum sowie des ehemals südlicher ge-legenen Nachbarortes Niebolum, die vor rund 200 Jahren un-ter den wandernden Sandmassen der Dü-nen verschwanden, tauchen heute am Flutsaum wieder auf. Häusergrundrisse, Ackerländereien und... Brunnenringe aus Kleisoden.

Strandkörbe – hier am Rantumer Strand – zählen seit über 100 Jahren zu den unabdingbaren Re-quisiten des Nordsee-tourismus'. Sie schaf-fen ein angenehmes Klima der Behaglich-keit auch bei „ge-mischtem" Wetter.

ten, am allerschlimmsten die vom 3. auf den 4. Februar 1825, die acht Häuser (zu dieser Zeit bestand Rantum noch aus elf Häusern, die anderen waren weiter nördlich am Dünenfuß gelegen) fast völlig verwüstete. Viele vormalige Bewohner verließen – völlig verarmt – das Dorf und zogen größtenteils nach Westerland.

Das Problem – gestatten Sie den kleinen Abstecher in die Gegenwart – bestand für die Häuser im Merret-Lassen-Wai bis in die jüngste Zeit, denn erst 1987 wurde der 1,2 Kilometer lange und fünf Meter hohe Hochwasserschutzdeich im Bogen um die Häuser herumgeführt. Gäste und Einheimische spendeten nahezu 100 000 Mark für diesen Deich, die restlichen 500 000 Mark kamen vom Landschaftszweckverband und von der Gemeinde Rantum – eine sehr ungewöhnliche Art der Finanzierung. Das Land – sonst für den Küstenschutz zuständig – war nicht bereit, die Kosten für den Deich zu tragen.

Wir haben damit die Anfänge des heutigen Ortes Rantum beleuchtet. In den 20er Jahren dieses Jahrhunderts wurden zaghaft einige weitere Häuser, das *Seeheim* und die *neue Schule* errichtet, erst nach dem Zweiten Weltkrieg bildete sich, wie bereits ausgeführt, das heutige Ortsbild aus.

Sie können für einen Spaziergang verschiedene Wege in Richtung Weststrand einschlagen, die Ihnen alle das neue Rantum zeigen:

▷ Über den Deich vor dem Haus Raantem Inge am Wattufer entlang nach Süden, dann über die Hauptstraße und den Holzweg zum Strandübergang (nach höheren Wasserständen sind Gummistiefel erforderlich),

▷ durch die Strandstraße zur Hauptstraße, links herum bis zum *Stiindeelke*, dem Sie über den *Henning-Rinken-Wai* nach Westen folgen,

▷ über die Strandstraße durch das Ortszentrum zur Haupttreppe.

Erst am Strand stößt man – allerdings in der Regel nur nach Sturmfluten oder bei extrem niedrigen Wasserständen –, so merkwürdig dies zunächst auch klingen mag, auf die ältere Geschichte des Ortes.

In den vergangenen Jahrzehnten traten im Westen und Nordwesten des heutigen Ortes immer wieder ganze Ackerländereien, Brunnenringe, Grundrisse alter Häuser und sonstige Hinterlassenschaften menschlicher Besiedlung am Strande hervor, wenn der Sand bei Sturmfluten vom Meer weggerissen worden war. Das heutige Rantum hatte nämlich einen Vorgänger, der nordwestlich des heutigen Zentrums in einem Bereich der Insel lag, der nun zu den Dünen, dem Strand und zum Meeresgrund gehört.

Aus Überlieferungen, Chroniken, amtlichen Schreiben und alten Karten wissen wir heute ziemlich genau, wie es um Alt-Rantum bestellt war. Noch im 17. Jahrhundert besaß der Ort eine eigene Mühle, was auf größere Ackerländereien schließen läßt. Ackerland wiederum existierte auf Sylt nur auf höheren Geestböden, die heute längst unter den Dünen verschwunden sind, am Strand nach Sturmfluten jedoch häufig zutage treten. Die Ingewiesen im Osten wurden durch einen niedrigen Sommerdeich geschützt und konnten als reiches Weideland genutzt werden. Das Problem des Ortes lag weniger in der Überflutungsgefahr, denn die Häuser standen ja auf Geestland, als in der fortschreitenden Versandung der Ländereien (und der Häuser) durch die stetig nach Osten wandernden Dünen.

Immer wieder mußten die Häuser nach Osten verlegt werden, immer mehr Rantumer mußten den Ort verlassen, als die Erträge des in Allmende bewirtschafteten Landes geringer wurden. Auf dem Höhepunkt seiner Entwicklung, im Jahre 1693, besaß Alt-Rantum noch 41 Häuser, 1709 waren es nur noch 34, und 1782 blieben ganze 26 arme Hütten zurück, die den Niedergang des Ortes noch erleben mußten.

Die Lage dieser Häuser *zueinander* ist seit langem aus einer Karte von Henning Rinken bekannt, auch die Namen der Besitzer. Bisher jedoch war es nicht gelungen, aus den bereits „über den Strand gegangenen" Grundrissen auf die Lage der noch unter den Dünen begrabenen Häuser zu schließen. Durch zwei weitere Entdeckungen jedoch ist man diesem Ziel erheblich näher gekommen: Peter Kuhlemann, seit vielen Jahren mit der Geschichte dieses Ortes beschäftigt, fand nach einer Sturmflut einen Hausgrundriß, dessen Eingangsstein der Nachwelt die Initialen E. J. (Erkel Jacobs; Haus Nr. 9) überlieferte. Kartenfunde von Prof. Dr. Jürgen Newig brachten Erstaunliches zutage: Die du Plat'sche Karte aus dem Jahr 1793 zeigte erstmals die genaue *geographische Orientierung* des langgestreckten Ortes, die aus der Rinkenschen Karte nicht ersichtlich war. Die damals gerade noch 18 übriggebliebenen Häuser waren nicht – so zeigte sich – von Norden nach Süden angeordnet, sondern von Nordwesten nach Südosten. Dies läßt beispielsweise die Frage nach dem Verbleib der 1757 versetzten, 1801 endgültig abgebrochenen Kirche in einem neuen Licht erscheinen: Ihr (noch erhaltener?) Grundriß wird sich heute an einer recht genau bestimmten Stelle unweit der Abbruchkante unter den Dünen befinden. Die jüngst vorgenommenen Sandvorspülungen jedoch zögern ihr Auftauchen hinaus...

Zurück zur Geschichte: Der Untergang des Ortes war Anfang des 19.

Folgende Doppelseite: Vollmond über der Rantumer Strandvogtei: Mit starkem Wind gekoppelt, versetzte dies die Bewohner der tiefgelegenen Ingehäuser immer wieder in Alarmbereitschaft. Springflut drohte und damit die Gefahr eines „Land unter". Erst seit 1988 schützt ein Deich vor bösen Überraschungen.

Jahrhunderts besiegelt. Die nach Osten vordringende Dünenkette um-
schloß bereits die westlichen Häuser, ein Anwesen nach dem nächsten
mußte verlassen und abgerissen werden. In dieser Situation ließ man die
Allmende bestehen, die sonst auf ganz Sylt schon abgeschafft war, und er-
löste die armen Rantumer von jeglicher Art von Steuer, damit sie überhaupt existieren konnten. 1821 wurde das letzte Haus des alten Rantum
abgerissen, als Neu-Rantum – etwa 700 Meter weiter südöstlich – bereits
im Entstehen begriffen war: das Haus Raantem-Inge, die Lassensche
Strandvogtei und die übrigen Anwesen der nun beginnenden Fünf-Häuser-Zeit.

Der Vollständigkeit halber soll noch angemerkt werden, daß auch Alt-
Rantum einen – noch weiter westlich gelegenen – Vorläufer besaß, der
samt seiner *Westerseekirche* im Jahr 1436 in den Fluten verschwand.

Das Wattenmeer, das sich von den östlichen Ufern der Insel bis zu den Festlandküsten erstreckt, gehört zwar – strenggenommen – nicht zu Sylt, wir wollen es aber trotzdem nicht übergehen. Die Möglichkeiten nämlich, die Watten bei Niedrigwasser zu erkunden, sind mannigfaltig, und das Betreten ist, trotz Nationalparkgesetzgebung, in fast allen Gebieten Sylts erlaubt. Die einzigen Ausnahmen sind der innere Teil des Königshafens bei List und der Streifen zwischen Morsum-Kliff und Morsum-Odde.

Dennoch sollten auch die übrigen Gebiete nicht für einen ungelenkten Besucherstrom freigegeben werden, der – meist unbewußt – viel zerstören würde. Dringende Empfehlung deshalb für jeden Watt-Interessenten: Bevor Sie auf eigene Faust losziehen, schließen Sie sich einer geführten Wanderung an. Es werden täglich Führungen in fast allen Inselorten angeboten, teils von Naturschutzvereinen, teils von den Kurverwaltungen. Die Termine erfahren Sie aus der Presse, über Plakate, ferner aus der kostenlosen Broschüre „Sylter Urlaubstips", die zwischen Mai und Oktober monatlich erscheint und bei allen Kurverwaltungen erhältlich ist.

Mit diesen Grundkenntnissen ausgestattet (hoffentlich hat der Führer auch etwas über die Gefahren des Wattwanderns erzählt!), können Sie eigene Exkursionen unternehmen, die niemals zu weit vom Ufer wegführen sollten – zu groß ist die Gefahr eines plötzlichen Wetterumschwungs, der Nebel oder Gewitter mit sich bringt, zu groß die Gefahr, in Schlicklöchern einzusacken! Alljährliche Todesfälle unterstreichen die Notwendigkeit, vor Übermut zu warnen.

Seitdem das Nordfriesische Wattenmeer zwischen dem Hindenburgdamm und der Nordküste von Eiderstedt 1974 unter Naturschutz gestellt wurde, besonders aber, seitdem alle Watten vor der schleswig-holsteinischen Westküste im Oktober 1985 zum Nationalpark erklärt worden sind, finden Sie eine zunehmende Anzahl von Broschüren und Büchern über diese Landschaft. Zur Vorab-Lektüre sei das Standardwerk für Wattentdecker, Horst Janus, „Das Watt", empfohlen.

Nebenbei bemerkt empfehle ich den Uferbesuch einiger Sylter Wattgebiete besonders für Eltern mit kleinen Kindern, ist hier doch das Wasser ruhig und meist bedeutend wärmer als am Weststrand, außerdem gibt es hier erheblich mehr zu entdecken, selbst für die Kleinsten.

133

Im folgenden sind die Besonderheiten der verschiedenen Wattufer genauer beschrieben.

Hörnum-Odde

Zwei Phänomene des Watts lassen sich hier besonders gut beobachten: die Gezeiten und die strukturellen Grundbedingungen dieser Landschaft. Zur optimalen Beobachtung gehen Sie vom Hörnumer Hafen am Strand entlang bis zur Südspitze. Sie sollten etwa eine Stunde nach Niedrigwasser starten; Dauer der Wanderung: eine Stunde pro Richtung.

Hinter dem südlichen Ende der Hörnumer Hafenpromenade finden Sie einen weißen Strand mit freigefallenem Watt davor. „Watt?" werden Sie fragen. Bestimmt haben Sie sich das Watt größer und – vor allem – schlickiger vorgestellt, nicht so betonhart wie hier.

Die Erklärung ist einfach: Es werden drei Arten von Watt unterschieden: *Schlickwatt, Mischwatt* und *Sandwatt,* natürlich mit fließenden Übergängen. Im ersten versinken Sie gleich bis zu den Waden, im Extremfall bis über die Oberschenkel oder gar bis zum Bauch. Wer das erleben möchte, macht ein paar Schritte unterhalb des Keitumer Schwimmbades in den dortigen Schlick. Auf eigene Gefahr allerdings!

Als Mischwatt bezeichnet man ein Watt, wie wir es beispielsweise bei Rantum vorfinden. Es ist noch ein wenig glitschig, man sinkt höchstens bis zu den Knöcheln ein.

Sandwatt dagegen ist fest, manchmal betonhart, und diese Art haben Sie hier vor sich. Sie werden bemerken, daß der Unterschied zu den Stränden an der Westseite der Insel kaum zu erkennen ist. Richtig! Wissenschaftler betonen, daß ein Strand nur eine Sonderform des Watts darstellt, sozusagen ein extremes Sandwatt mit steilerem Unterwasserprofil.

Welcher Watt-Typ sich jeweils ausbildet, hängt von der Stärke der Gezeitenströmung ab. Ist sie sehr schwach, wie in den Uferbereichen der Keitumer Bucht, werden feinste Sedimente mineralischer und organischer Art herantransportiert. Wegen der geringen Dynamik des Watt„bodens" siedeln sich meist spezielle Pflanzen an (Queller, Schlickgras), die die Anlandung fördern. In extremen Fällen ist der Boden allerdings so schlickig, daß sich Pflanzen nicht mehr halten können: Wer dort hineingeht, sinkt ab wie im Fahrstuhl! Biologisch ist dieses Schlickwatt am reichhaltigsten, denn ein besonders hoher Anteil des Schlamms besteht aus organischen Bestandteilen, sprich: mikroskopisch kleinen Tieren und Pflanzen, die größeren Tieren (Krebsen, Fischen etc.) als Nahrung dienen.

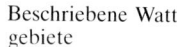

Beschriebene Watt-
gebiete

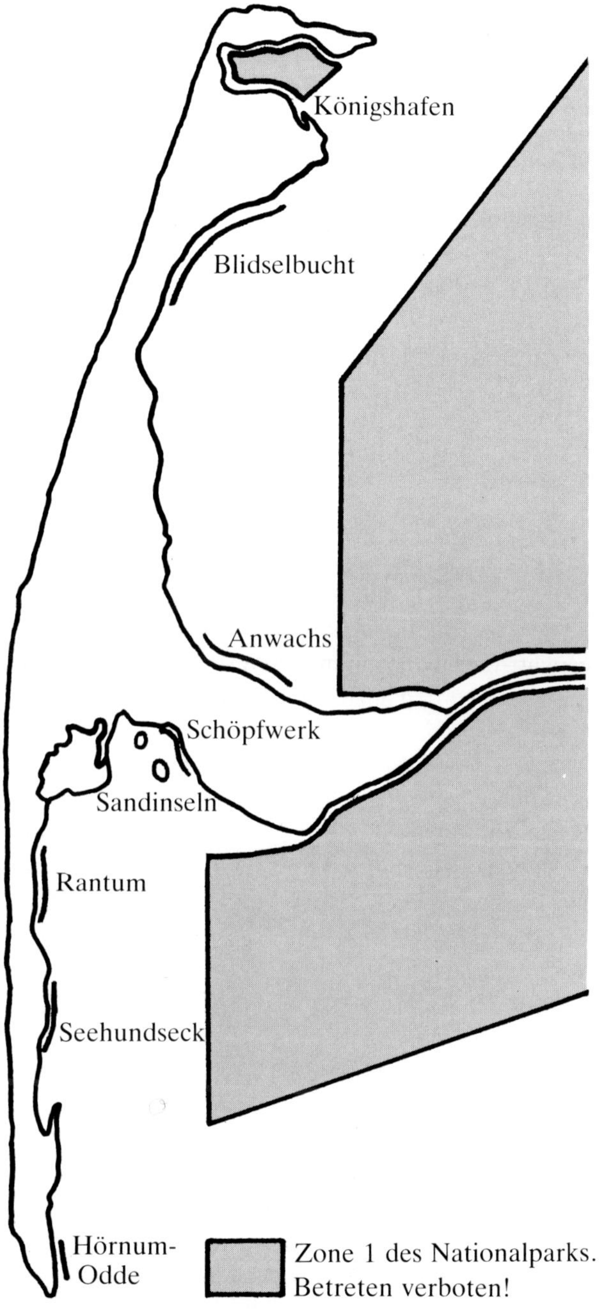

Königshafen

Blidselbucht

Anwachs

Schöpfwerk

Sandinseln

Rantum

Seehundseck

Hörnum-
Odde

Zone 1 des Nationalparks.
Betreten verboten!

135

Liegt das Watt etwas offener, wie beispielsweise südlich von Rantum, bringen die vorbeistreichenden Gezeitenströmungen auch gröbere Bestandteile heran, was den Boden fester werden läßt.

* Tiefer Wasserarm, der von der Nordsee ins Watt – meist zwischen Sandbänken und Inseln hindurch – hineinführt

Bei den Sandwatten, die in der Nähe tiefer Priele oder Seegatts* liegen, gibt es zum Teil reißende Strömungen von mehreren Metern pro Sekunde. Pflanzenwuchs ist gar nicht mehr möglich, wunderschöne Rippelmarken (Waschbrett-Watt) lassen das Wandern schnell zur Anstrengung werden.

Ein Strand ist ein besonders strömungsexponiertes Wattufer. Die zusätzliche Brandung, verbunden mit ständigen Umlagerungen des Sandes, läßt auch die letzten (sichtbaren) Lebewesen verschwinden. Ausnahme bilden die – zumindest im Sommer – zu Zehntausenden auftretenden Badegäste, sonst ist es hier biologisch ziemlich tot.

An der Ostküste der Odde erleben Sie bei Ihrer Wanderung diese extreme Form des Sandwatts, allerdings gibt es dort aufgrund der Buhnen, die die starke Gezeitenströmung erfolgreich vom Ufer fernhalten, nur kleine Rippelmarken. Je weiter Sie nach Süden laufen, desto schmaler wird das Watt. An der Niedrigwasserlinie finden Sie teppichartige Kolonien des Bäumchenröhrenwurms, eines typischen Vertreters strömungsreicher Sandwatten, der sich mit seinen Fangarmen das Meeresplankton herausfiltert. Sie werden auch das schon wieder vordringende Wasser bemerken. Zunächst ganz langsam, dann immer schneller nimmt es Stück für Stück des eben noch trockenen Wattbodens ein. Auf Ihrem Rückweg wird bereits der ganze untere Teil dieses Watts mit Wasser bedeckt sein.

Wir wollen das Phänomen der Gezeiten genauer betrachten und laufen weiter bis zum südlichsten Punkt der Insel, wo uns ein grandioses Schauspiel erwartet: Besonders bei stärkeren westlichen Winden wird das Wasser mit erstaunlicher Kraft zwischen Sylt und der Nachbarinsel Amrum hindurchgepreßt. Sechs Stunden und 13 Minuten müssen ausreichen, um über 500 Millionen Kubikmeter Wasser in die Wattengebiete östlich Sylts bis zum Hindenburgdamm zu pumpen, bis es kentert, um in der gleichen Zeit wieder abzufließen. Man steht fasziniert vor diesem reißenden und strudelnden Inferno, das nun, circa zwei Stunden nach Niedrigwasser, seinem Höhepunkt zustrebt. Unbedingtes Badeverbot herrscht hier, denn schon mancher wurde von den starken Strömungen mitgerissen und von den Strudeln auf den Grund gezogen, also bleiben Sie lieber auf dem Trockenen und bewundern Sie das Geschehen von sicherer Warte aus. Die starken Strömungen lassen den sandigen Boden derartig rasch auf

Tiefen über 30 Meter abfallen, daß Ausflugsdampfer gelegentlich anlegen, um Leute an Bord zu nehmen!

Ich habe Sie absichtlich an diese Stelle geführt, denn auf Sylt erfährt man nirgends besser als hier die enorme Kraft der Gezeiten. (Eine ähnliche Situation finden Sie nur noch an der Ellenbogenspitze.)

Wo liegt der Motor des ganzen, ohne dessen Antrieb kein Watt zustande käme und kein „wanderbarer" Sylter Strand existierte? Das rhythmische Steigen und Fallen des Meeresspiegels ist in erster Linie dem Mond zuzuschreiben, dessen Anziehungskräfte an der ihm zugewandten Seite der Erde auf das Land genauso einwirken wie auf das Meer. Doch nur das Wasser kann diesen Kräften nachgeben und hebt sich. Dieser sogenannte Flutberg wandert mit dem Mond in 28 Tagen um die Erde. Auf der dem Mond abgewandten Seite der Erde allerdings entsteht, verursacht durch die Fliehkräfte des Sytems Erde–Mond, ebenfalls ein solcher Flutberg. Gäbe es keine Kontinente, wären diesem Geschehen keine natürlichen Grenzen gesetzt. In natura aber werden die beiden Flutberge verwirbelt, durch den Einfluß der Erdrotation laufen sie in allen Ozeanen nördlich des Äquators gegen den Uhrzeigersinn, auch in der Nordsee: Von der englischen Ostküste an den West- und Ostfriesischen Inseln vorbei über die Elbmündung nach Sylt und weit nach Norden. Hieraus erklären sich auch die auf Sylt an verschiedenen Orten so unterschiedlichen Hoch- und Niedrigwasserzeiten, am extremsten nördlich und südlich des Hindenburgdamms: Oft steht im Süden schon das Wasser, während es im Norden noch kaum zu sehen ist, oder umgekehrt. Vielleicht haben Sie es bei Ihrer Anreise über den Hindenburgdamm beobachten können.

Die Gezeiten machen sich also auch in der Nordsee mehr oder weniger selbständig, wobei ihr Rhythmus allerdings durch den Mond vorgegeben ist. Alle 28 Tage wiederholt sich ihr zeitliches Auftreffen, woraus eine tägliche Verschiebung der Hoch- und Niedrigwasserzeit um etwa 50 Minuten resultiert. Mit anderen Worten: Prägen Sie sich Niedrig- oder Hochwasserzeit am ersten Urlaubstag ein, können Sie sich durch tägliches Hinzufügen von 50 Minuten alles weitere errechnen. Bedenken Sie dabei, daß das Eintreffen von Ebbe und Flut an unterschiedlichen Orten der Insel differiert, wobei allerdings die zeitlichen Abstände die gleichen bleiben. Dem Kenner zeigt schon der Blick zum Mond, was die Gezeiten treiben: Aufsteigender Mond im Osten = steigendes Wasser = Flut. Absteigender Mond im Westen = fallendes Wasser = Ebbe. Steht der Mond im Süden, ist Hochwasser. Interessant noch zu erwähnen, daß das gezeitenbedingte

Folgende Doppelseite: Der Lebensraum der Sandklaffmuschel liegt etwa 30 Zentimeter unter der Wattoberfläche. Nachdem sich die Tiere im ersten Lebensjahr eingegraben haben, verlieren sie die Fähigkeit zur Ortsveränderung. Wird der Wattboden – zum Beispiel bei Sturmfluten – abgetragen, geraten die großen Muscheln an die Oberfläche und demonstrieren anschaulich den biologischen Reichtum dieser Naturlandschaft.

137

Auf und Ab des offenen Meeres lediglich in einem Steigen und Fallen des Meeresspiegels besteht und keine Strömungen verursacht. Eine Vorwärtsbewegung der einzelnen Wasserteilchen findet ebensowenig statt wie bei den Meereswellen. Anders verhält es sich jedoch im Küstenbereich, besonders in den schmalen Seegatts zwischen den Inseln. Hier erst wirkt sich das Fallen und Steigen des Wassers als Strömung aus, ohne die es keinen Herantransport der zur Wattbildung erforderlichen Sinkstoffe geben würde.

Ein Spaziergang an die Ostküste der Hörnum-Odde zeigt also dem Kundigen in Grundzügen die Entstehung des Watts, einer Landschaft, die ihr Leben und ihr Antlitz in erster Linie den Gezeiten verdankt.

Seehundseck

In diesen abgelegenen Teil der Insel gelangen Sie ganz einfach: per Fahrrad oder Bus bis zum Parkplatz Sansibar, von dort etwa 300 Meter über einen Dünenweg nach Osten bis ans Watt. Bitte beachten Sie, daß die Dünen im gesamten Bereich zwischen Rantum und Hörnum erfreulicherweise unter Naturschutz stehen. Das bedeutet unter anderem, daß es nicht erlaubt ist, die offiziellen Dünenwege zu verlassen. Wer's dennoch tut, fördert die Bestrebungen derer, die nur den Stacheldraht als einzige Möglichkeit der Besucherlenkung ansehen. Und wer will das schon.

Am Wattstrand angekommen, eröffnet sich bei Flut ein herrliches Baderevier mit idealen Bedingungen für Familien mit kleinen Kindern, wo man an sonnigen Tagen selbst im April bereits Wassertemperaturen über 15 °C erwarten kann. Der sanft abfallende und feste Wattboden ist für „Kneippkuren" ideal! Außerdem bietet der bei vorherrschenden westlichen Winden gegebene Schutz der hohen Düne gute Voraussetzungen, um auch bei kühleren Bedingungen ein Sonnenbad zu nehmen.

Aber zurück zur Biologie des Watts, die Stück für Stück bei Ebbe freigelegt wird. Im Hochwasserspülsaum findet man – je nach Saison – abenteuerliche Auswürfe der Lebewelt des Watts. Miesmuscheltang, Meersalat, Seemoos und Quallen, Herz- und Sandklaffmuscheln, Wellhornschnecken und deren Laichballen, Krebsschalen und Rocheneier. Die Aufzählung aller Spülsaumfunde würde ein eigenes Buch verlangen!

Wird der Wattboden langsam vom Meer freigegeben, fallen sofort die Millionen kleinster Wattschnecken auf. Gerade einen Millimeter groß, „heften" sie sich von unten an die Wasseroberfläche und lassen sich davontreiben, da es ihnen an dieser Stelle anscheinend zu langweilig geworden ist. Die größeren Strandschnecken hinterlassen ihre Freß- und Kriechspuren auf dem sanft gewellten Boden, kleine Herzmuscheln – dicht unter der Oberfläche – spritzen ein letztes Mal vor der nächsten Flut eine kleine Wasserfontäne aus ihren Kiemen.

Da, wo im Strömungsschatten der südlich angrenzenden Sandnehrung kleine Schlickbecken entstanden sind, vernimmt man bei ruhigem Wind ein eigentümliches Knistern: Hier wohnen die kleinen Schlickkrebse, manchmal viele tausend pro Quadratmeter, und recken ihre langen Fühler aus dem Boden; platzende Wasserblasen – und das millionenfach – verursachen das berühmte Wattknistern.

Kinder haben schnell herausgefunden, daß die überall auf der Wattoberfläche sichtbaren Makkaronis keine Würmer sind, sondern nur sandige Ausscheidungen ebensolcher, die aber tief versteckt im Sand sitzen. Man benötigt schon eine feste Schaufel, besser eine Forke, um sie ans Tageslicht zu befördern. Vielleicht ist ein Angler in der Nähe, der gerade einige Würmer als Köder ausbuddelt.

Immer weiter fällt das Watt trocken, bis schließlich ein tiefer Priel der Ausdehnung ein Ende setzt. Kolonien von Bäumchenröhrenwürmern sitzen am Rand; auf die scharfkantigen Sandklaffmuscheln, fast handtellergroß, sollte man barfuß nicht treten. Im Wasser selber rennen Strandkrabben, flitzen Garnelen und Sandspierlinge herum. Hier herrscht Leben! Wer Glück hat, sieht auch Seehunde, denn sie gaben diesem Küstenbereich seinen Namen. Die Möwen, Seeschwalben, Austernfischer, Schnepfen und Strandläufer verteilen sich bei ablaufendem Wasser über die Wattflächen, bei Flut sammeln sie sich auf einer nahen Sandbank. Wer Vögel beobachten will, der komme rechtzeitig vor der Flut, um die „Heimkehr" der gefiederten Freunde (vom Ufer aus mit dem Fernglas) zu erwarten.

Welch deutlicher Unterschied zu den Sandwatten der Hörnum-Odde, obwohl es sich hier genaugenommen um ein „sandiges Mischwatt" handelt, ein Mittelding zwischen Sand- und Mischwatt also. Machen Sie von hier aus einen Spaziergang Richtung Rantum, sehen Sie linker Hand steile Dünenkliffs, Folge der Sturmflutabbrüche der vergangenen Winter, rechter Hand eine sich immer weiter ausdehnende Wattfläche, die nach der nächsten Linksbiegung der Küste merklich schlickreicher wird. Horstweise wächst hier das Schlickgras in zunehmend dichteren Beständen, dazwischen der Queller, auch als Wattensalzstange bezeichnet. Kosten Sie mal!

Folgende Doppelseite: Freundliche Symbiose im Wattenmeer: Der Einsiedlerkrebs trägt das Gehäuse einer Strandschnecke, um seinen ungepanzerten Hinterleib zu schützen. Kolonien des Stachelpolypen siedeln sich darauf an. Sie leben von den im Wasser treibenden Essensresten des Krebses und erweitern die Windungen des Schneckengehäuses, was dem „Vermieter" den gefahrvollen Wohnungswechsel erspart.

Eine tiefere Bucht schließt sich an: Der Sandstrand endet nach einigen hundert Metern, das Laufen im Schlick wird beschwerlich. Sie können, wenn Sie gut zu Fuß sind, auf einem schlüpfrigen, von Prielen durchzogenen Salzwiesenpfad bis nach Rantum laufen, wir aber werden diese Landschaft, von Rantum kommend, genauer betrachten.

Rantum

Sie finden den Zugang, wenn Sie mit dem Bus bis *Rantum-Mitte* fahren, von dort noch etwa 100 Meter der Hauptstraße nach Süden folgen, um bei der Parfümerie Walter links einzubiegen. Sie stoßen auf die *Alte Dorfstraße*, laufen 50 Meter links, dann wieder rechts bis zum Deichübergang. Hinter diesem halten Sie sich scharf rechts bis zum Wattufer.

Schon vom Deich aus sehen Sie beim Blick nach Norden auf die ehemaligen Rantumer Kasernen eine ausgedehnte Salzwiesenlandschaft. Salzwiesen (friesisch: Inge) sind tief gelegene Marschenflächen, die bei hoher Flut „Land unter" haben, deren Boden dementsprechend versalzen ist. „Salzpflanzen" sind in der Lage, diese für Pflanzen normalerweise tödlichen Bedingungen zu ertragen: Im August blüht hier die Strandaster auf Tausenden von Quadratmetern, auch Bondestave oder Halligflieder, Strandwermut, Keilmelde und Stranddreizack stehen in dichtem Bestand. Weiter nördlich, hinter einem Priel, den Sie über eine Brücke überqueren können, ist Schafweideland. Hier dominiert das Andelgras, denn allein dieses ist trittfest und regenerationsfähig genug, die Beweidung zu überstehen. Deshalb die häufige Kritik von Ökologen an der zu intensiven Schafhaltung in den Deichvorländern, die zu einer regelrechten Verödung der vielfältigen Pflanzenwelt in der Salzwiese führt.

Zum Ufer hin schließt ein hellsandiger Strandwall die Salzwiese ab. Strandroggen, Meersenf und Salzmiere wachsen hier und zeigen, wie unterschiedlich die Standortansprüche von Salzpflanzen sind.

Im Uferbereich des Rantumer Watts baute man Mitte der 80er Jahre sogenannte Lahnungen. Diese künstlichen Kammern – bestehend aus jeweils zwei Pfahlreihen mit Buschwerk dazwischen – bewirken, daß sich bei Hochwasser die Strömung nahezu völlig beruhigt, und fördern damit die Sedimentation. Das schnellere Nachwachsen der Pflanzenwelt (hier fast ausschließlich Queller und Schlickgras) wiederum fördert die Anlandung der Schwebstoffe, so daß man hoffen kann, nach Jahrzehnten ein höheres, festeres Deichvorland zu erhalten, eine neue, breitere Salzwiese also. Dieses Vorland wächst durch häufiges „Land unter" immer höher, bis es

schließlich an der Seeseite wieder abzubrechen beginnt. Die Abbruchkante des bisherigen Vorlands, die sogenannte Halligkante, finden Sie
unmittelbar vor dem Deich, hinter dem das Haus *Raantem-Inge* steht.
Diese ungeschützte Halligkante – man erkennt die Sturmflutschichtung
noch – gehört bereits zu den Raritäten der „Naturlandschaft" Wattenmeer. An keiner anderen Stelle des Nationalparks gibt es so viele erhaltene Halligkanten wie auf Sylt – die meisten sind Küstenschutzarbeiten
zum Opfer gefallen.

Der hier südlich angrenzende Küstenstrich ist ein besonderes Sylter
Kleinod. Über eine kleine Brücke und einige sandige Streifen nähern wir
uns einem der schönsten Wattufer-Gebiete der Insel. Rechter Hand erstreckt sich in der weiten Bucht eine ausgedehnte, von Wasserläufen
durchzogene Salzwiese mit allen charakteristischen Arten von der Strand-
nelke (blüht bereits ab Mai) bis zur Bondestave, dem Strand- oder Halligflieder (August).

Naturfreunden sei empfohlen, diese Wanderung, mit Gummistiefeln,
Fernglas und ein paar Butterbroten ausgestattet, am frühen Morgen bald
nach Sonnenaufgang zu unternehmen, wenn von der nahen Hauptstraße
noch kein Lärm herüberdringt. Wer an unberührter Landschaft Freude
hat, wird sich kaum sattsehen können an der innigen Verflechtung, die
Meer und Land hier eingegangen sind. Sie können sich entscheiden, ob
Sie auf dem teils glatten Pfad am Rande der Salzwiese oder im Mischwatt
laufen – ich empfehle die erste Möglichkeit. Vorsicht nur beim Springen
über die Priele, der Boden ist sehr glitschig.

Sie können diesen Weg – ausreichend Kondition vorausgesetzt – bis Hörnum fortsetzen, immer direkt am Ufer entlang. Lediglich südlich von
Puan Klent ist ein weiteres Salzwiesenufer während der Brutzeit gesperrt,
da hier viele Regenpfeifer, Austernfischer und Rotschenkel ihre Jungen
großziehen. Dieser Hinweis sei bei Spaziergängen an der Wattkante
grundsätzlich gegeben: Achten Sie während der Brutzeit (April bis Juni)
sehr genau auf aufgeregte Altvögel, die sich flügellahm stellen oder sonst-
wie „verleiten", d. h. auf sich aufmerksam machen: Sie nähern sich einem
unscheinbaren Nest oder Jungvögeln, die aufgrund ihrer Tarnung im
Sand für den Laien kaum erkennbar sind! Bleiben Sie also zunächst stehen und vergewissern Sie sich bei jedem Schritt, wo Sie hintreten. Verlassen Sie die Gegend möglichst schnell, denn gerade bei kühlem Westwind
verlangen die Eier regelmäßige Brut. Deshalb sind die Wattufer auch Ta-
buzonen für Hunde selbst der friedlichsten Gattung!

Schöpfwerk

Das Watt beim Schöpfwerk erreichen Sie über Keitum, indem Sie der Straße östlich des Bahnhofs (Gaat) über die Gleise und dann halblinks der Ausschilderung Richtung Schöpfwerk folgen. Im (ehemaligen) Schöpfwerk finden Sie zwischen April und Oktober einen Informationsraum der Schutzstation Wattenmeer mit einem Zivildienstleistenden als Vogelwart, der vornehmlich wegen der „Sandinseln" die Aufsicht führt. Diese Inseln erkennen Sie deutlich, wenn Sie den Deich erklimmen: Direkt südwestlich von Ihnen, etwa 500 Meter draußen im Watt, liegt die eine, Richtung Westen, unmittelbar vor dem Deich, die andere.

Beide Inseln entstanden 1972 und 1978, als man für die Sandvorspülungen vor Westerland an den tief liegenden Kaolinsand herankommen mußte. Der dafür beiseite geräumte Sand und Schlick ergab die Inseln, die auch bei Hochwasser nicht überflutet werden.

In den Jahren danach wurde besonders die südliche Insel zu einem bevorzugten Brutplatz für verschiedene Seeschwalbenarten, deren Angewohnheit es ist, oberhalb der Flutkante an Stränden mit flacher Vegetation zu brüten. Da an diesen Stellen anderswo heute allenthalben Badestrände zu finden sind, zählen mehrere Seeschwalbenarten heute zu den vom Aussterben bedrohten Seevögeln. Deshalb auch an dieser Stelle wieder ein Appell an die Vernunft: Laufen Sie nicht allein zu den Sandinseln hinüber, sondern nehmen Sie an einer der täglichen Führungen des Vogelwarts teil. So erfahren Sie gleichzeitig die neuesten Brutergebnisse und lernen viel über die Lebensweise beispielsweise der Küstenseeschwalben, die jedes Jahr fast 40 000 Kilometer allein auf dem Vogelzug zurücklegen. Es ist dem Einsatz dieses Naturschutzvereins zu verdanken, daß ein so notwendiges Refugium für die Seevogelwelt erhalten geblieben ist.

Die Watten im Osten der Insel

Das gesamte Watt im östlichen Teil der Insel zwischen Morsum-Odde und Morsum-Kliff zählt zur Zone 1 des Nationalparks und darf nicht betreten werden. Strenggenommen gilt dieses Verbot aus Gründen der extensiven Schafweidenutzung erst ab 150 Meter vor dem Deichfuß, doch sollten auch die davorliegenden Gebiete wegen dort brütender Vögel grundsätzlich gemieden werden, gekennzeichnete Badestellen ausgenommen. Hier lohnt es sich, Deichspaziergänge zu machen oder am Fuß des Morsum-Kliffs zu wandern (siehe S. 106 ff.).

Den Archsumer Anwachs zwischen der Morsumer und der Keitumer

Geest können Sie gleich aus Ihrem Wanderprogramm streichen, denn das Watt ist zu schlickig, der Anwachs von meterbreiten Wasserläufen durchzogen, so daß Sie nicht weit kommen würden. Lediglich einige landwirtschaftliche Wege durchqueren das Gebiet weitab vom Ufer. Von hier aus können Sie besonders im Frühjahr und Herbst riesige Vogelschwärme beobachten.

Von Keitum aus können Sie auf gepflegtem Pfad zwischen Geest und Schilf bis Kampen laufen, kommen dabei aber nur an wenigen Stellen *direkt* ans Watt, das zudem ebenfalls recht schlickig ist.

Blidselbucht

Erst nördlich der Kampener Vogelkoje wird das Watt wieder besser zugänglich. In der Blidselbucht, die unmittelbar von der Straße eingesehen werden kann, herrscht Sand- und Mischwatt vor. Hier kann man wieder, ähnlich wie bei Seehundseck, gut wandern und entdecken oder im Windschatten der hohen Dünen am weißen Sandstrand faulenzen.

Eine Besonderheit sind die Austernkulturen, die wenige hundert Meter vom Ufer entfernt bei Niedrigwasser bewirtschaftet werden. Aufmerksamkeit erregen auch die weit draußen im Watt stehenden „Seekühe", die ebenfalls nur bei Niedrigwasser gemolken werden können.

Königshafen

Sie finden den Zugang, indem Sie – vom Lister Hafen kommend – nach Norden zwischen der Biologischen Station (Information über den Königshafen, das Watt und besonders die Vogelwelt) und der westlich angrenzenden Neubausiedlung hindurch den Weg Richtung Dünen einschlagen. Automatisch erreichen Sie bald den 1937 errichteten Möwenbergdeich, haben vor sich die vom Bund für Lebensschutz betreute Sandnehrung (Seeschwalbenbrutgebiet, Fernglas!), deren Betreten ebenso verboten ist wie das der Insel Uthörn, wo zudem zahlreiche Seehunde vorkommen. Betreuender Verein dieser Insel sowie des gesamten Watts zwischen Hindenburgdamm und der deutsch-dänischen Grenze ist der Deutsche Bund für Vogelschutz, der ebenfalls Führungen in Zusammenarbeit mit der Kurverwaltung anbietet.

Da der ganze innere Teil des Königshafens zur Schutzzone 1 des Nationalparks zählt, ist das Betreten verboten. Aber auch vom Deich aus ist alles Wichtige zu beobachten, da sich die meisten Vögel direkt an der Wasserkante aufhalten.

147

Bizarrerweise ist es jedoch den Surfern *nicht* verboten, bei Hochwasser über einen Großteil des Königshafengebiets zu flitzen, ferner veranstaltet die Bundeswehr hier zwischen Oktober und März lautstarke „Luft-Boden-Schießübungen", was gerade in Zusammenhang mit den strengen Auflagen für den Nationalpark immer wieder Kopfschütteln verursacht – nicht nur bei Seehunden.

Wollen Sie den Königshafen bis zur Ellenbogenspitze umlaufen, müssen Sie zunächst der zum Ellenbogen abzweigenden Straße folgen und etwa in Höhe des Leuchtfeuers „Ellenbogen West" wieder ans Wattenufer zurückkehren. Sollte nicht gerade Hochwasser sein (ein Priel versperrt Ihnen dann bald den Weg), ist es kein Problem, auf feinsandigem Grund bis zum Nordostende der Insel zu gelangen.

Abschließend möchte ich noch einmal den frühen Morgen für Wanderungen am Watt empfehlen, denn die Stimmung dieser Tageszeit verträgt sich am besten mit der Stille, die diese Landschaft bietet.

Westerland, die heutige Inselmetropole, in der mehr als ein Drittel der Gesamtbevölkerung Sylts lebt, hat ihre Funktion erst nach dem Einsetzen des Fremdenverkehrs und dem zügigen Ausbau der Verkehrsverbindungen zum Festland erhalten.

Wir bekommen einen plastischen Eindruck vom Aussehen des Ortes im Jahre der Gründung des Bades (1855), wenn wir den Beginn unserer Stadtwanderung in das Westerländer *Rathaus* verlegen.

In der dunklen Vorhalle des Erdgeschosses steht eine Vitrine mit dem Modell des damaligen Westerland, das – nach kurzer Orientierung – auch heute noch vorhandene Straßenzüge erkennen läßt. Aber beginnen wir mit unserer Betrachtung bei der Landschaft: Östlich der Dünen lagen die sogenannten *Enden*, die noch zur Gemarkung des 1436 untergegangenen Eidums gezählt wurden, das zwei Kilometer südwestlich vom heutigen Westerland lag. Hier dürften auch die bei der Sturmflut vertriebenen Eidumer ihren ersten Unterschlupf gefunden haben. Der Begriff „Ende" taucht auch heute noch bei mehreren Westerländer Straßennamen auf.

Von Südosten dringt ein tiefgelegenes Urstromtal, eine nacheiszeitliche Entwässerungsrinne des Geestkerns, in das damalige Dorf ein. Sie soll noch in geschichtlicher Zeit schiffbar gewesen sein; ein Kontakt bestand über den *Waadens-Sill* zum Sylter Süderwatt. Die Straße, die die Senke in Richtung Osten zur alten Dorfkirche durchquert, ist der *Kirchenweg*. Genau in der Senke liegt heute der Bundesbahnhof, deutlich erkennbar ist die *Keitumer Chaussee*, die am Rande des Priels nach Osten herausführt.

Der eigentliche Kern des Ortes befindet sich bei der *Alten Kirche* auf den höher gelegenen *Hedigen* (Heiden), deren Namen wir auch heute noch finden: Osthedig, Nordhedig, Südhedig, Zwischen den Hedigen.

Die Kjeirstraße (Sumpfstraße), in der sich heute das neue Postgebäude befindet, markiert den weiten Verlauf des Tals, das noch 1937 (Fertigstellung des Nösse-Deichs), dann auch bei der Sturmflut im Februar 1962 auf sich aufmerksam machte, als das im Norden der Stadt durchgebrochene Wasser – naturgemäß – den Verlauf dieser Niederung nachzeichnete. Während sich die Straßenzüge auf den Hedigen bis heute allesamt erhalten haben, entstand im nördlichen Teil der Enden (dem heutigen Stadtzentrum) ein völlig neues Bild, das seine Existenz der Stadtentwicklung seit der Jahrhundertwende verdankt.

Folgende Doppelseite: Die Strandhallen bildeten um die Jahrhundertwende gemeinsam mit der sie verbindenden Wandelbahn das Zentrum des „Gesellschaftens" in unmittelbarer Nähe des Meeres. Hotels und Logierhäuser unterhielten hier Cafés und Restaurants, um ihre Gäste sogar mit Strandkorbservice bewirten zu können. Durch Brand und Sturmflut fand die Ära der hölzernen Strandanlagen im Jahre 1911 ein jähes Ende.

Betrachtet man die Entwicklung aus heutiger Sicht, fällt die Verlagerung des Ortszentrums nach Westen auf, in einen Bereich, der noch vor 140 Jahren nahezu unbesiedelt war. Der Heideboden war in Ufernähe landwirtschaftlich kaum zu nutzen, außerdem versuchte man, dem unaufhaltsamen Ostwärtswandern der Dünen und den Küstenabbrüchen aus dem Weg zu gehen.

Bevor wir nun das dunkle Rathaus und die Zeit von 1855 verlassen, noch die damalige Einwohnerzahl: 466 Personen. Nach den Jahrhunderten des Walfangs, insbesondere aber durch die florierende Handelsschiffahrt gab es bereits einen gewissen Wohlstand, doch Unterkünfte für Gäste waren noch Mangelware: Immerhin zählte Westerland schon 98 Urlauber in diesem bedeutenden Jahr der Gründung des Bads.

Beim Hinausgehen schalten wir die Zeituhr 50 Jahre weiter, in das Jahr 1905, der Stadtgründung Westerlands. 20 000 Kurgäste besuchten in diesem Jahr bereits den mittlerweile zum Weltbad avancierten Ort; viele von ihnen kamen nun nicht mehr über den umständlichen Festlandsweg, sondern nutzten die Schiffsverbindung von Hamburg über Helgoland nach Hörnum, um sich von dort mit der Sylter Südbahn nach Westerland kutschieren zu lassen. Das heutige *Rathaus*, erst seit 1933 in dieser Funktion, war 1898 als prächtiges Kurhaus seiner Bestimmung übergeben worden, das *Hotel Stadt Hamburg* stand schon seit 1869; die östliche Einrahmung des „Kurparks" bildeten das „Kaiserliche Postamt" (heutiges *Haus des Kurgastes)* sowie der Ostbahnhof der Inselbahn, an dessen Stelle sich heute ein Hochhaus befindet.

Längst waren elektrische Beleuchtung, Wasserversorgung, Kanalisation, Ferngespräche zum Festland zur Gewohnheit geworden, und als revolutionärste Neuerung galt das erst drei Jahre zuvor gegründete Familienbad, das als bedeutungsvolle Wende – weg von der Prüderie des geschlechtertrennenden Damen- und Herrenbads, hin zum wilhelminischen „Verlobungsbad" – gefeiert wurde.

Die Strandstraße, die wir jetzt entlanglaufen wollen, hatte sich zu der Zeit zum Zentrum des gesellschaftlichen Lebens gemausert, durch die ehemaligen Heideflächen zogen sich Häuserzeilen mit typisch wilhelminischer Bebauung, die noch 60 Jahre später das Erscheinungsbild der Stadt bestimmen sollte. Wohlhabende und Adelige beherrschten das Bild des damaligen Publikums, Westerland – so spät als Seebad entdeckt – war der feinste der deutschen Badeorte geworden.

Als charakteristisches Haus der damaligen Zeit gilt das im Jahre 1903 errichtete *Hotel Miramar*, das wir erreichen, wenn wir der Strandstraße bis zur Promenade folgen und uns links herum zur Friedrichstraße wenden. Promenade? Eine Promenade existierte noch nicht, dafür die hölzernen Strandhallen mit einer Holzplattform davor. Das Ende dieser prunkvollen Bauten kam erst im Herbst des Jahres 1911, als im September die nördlichen Strandhallen Opfer eines Feuers und im November die südlichen Strandhallen sowie die Wandelbahn von einer Sturmflut zerstört wurden. Die 1907 vor dem Hotel Miramar errichtete Strandmauer wurde schon 1912 um mehrere hundert Meter nach Norden verlängert und prägte nun – samt Musikmuschel – mit den darüber errichteten Wandel- und Restaurationshallen bis Mitte der 60er Jahre das Strandbild von Westerland.

Einen Eindruck von der engen Umgrenzung der Stadt erhalten wir, wenn wir die Friedrichstraße hinunterlaufen und an der ersten Ampel rechts einen Abstecher in die Elisabethstraße einplanen. Nach etwa 300 Metern erreichen wir den heute eng von Häusern umlagerten *Friedhof der Heimatlosen*, der damals noch in freier Feldmark lag (siehe S. 79). Nur der Südbahnhof, die Endstation der Sylter Südbahn am Strandübergang der *Damenbadstraße* (heute: Käpt'n-Christiansen-Straße), markierte die nun einsetzende Expansion der Stadt in südlicher Richtung. Weit ging der Blick von hier über die Enden und die angrenzenden Tinnumer Wiesen bis nach Keitum, wo der hohe Turm der Kirche als Wahrzeichen der Insel in den Himmel ragte.

In den südlich des Zentrums gelegenen Straßenzügen Westerlands entdeckt man auch heute noch einige Bauwerke wilhelminischer Zeit, die, eng bedrängt von modernen Apartmentbauten, wie Fossilien einer längst vergangenen Zeit – mit mehr Geschmack – ihr Dasein fristen.

Auch in der Friedrichstraße ist die Fassade eines heute fast 100jährigen Gebäudes erhalten geblieben, die *Inselapotheke*, die bereits 1892 als erste Apotheke Westerlands Eröffnung feierte.

Wir verlassen die wilhelminische Zeit der Stadt in der Wilhelmstraße bei der *Wilhelmine;* ihr Name dürfte damit wohl hinreichend erklärt sein. Sie steht im heutigen Zentrum von Westerland am Fuß der Friedrichstraße, wurde 1980 zum Jubiläum – 125 Jahre Bad / 75 Jahre Stadt – „errichtet" und bietet mit den sommertags in Scharen hier lagernden Punkern einen jener typischen Sylter Kontraste.

Am 1. August 1914, nachmittags um 17.10 Uhr, fand die Saison mit der Bekanntgabe des Mobilmachungsbefehls ein vorzeitiges Ende. Die Badegäste verließen gezwungenermaßen die Insel, und schon am 5. August wurde das Seebad Westerland geschlossen. Das *Hotel zum Deutschen Kaiser,* seit 1874 (an der Stelle des heutigen „Kaiser's" neben der Wilhelmine) eines der Wahrzeichen Westerlands, wurde – wie viele andere Unterkunftsbetriebe auch – von der Kommandantur beschlagnahmt und mit Soldaten belegt.

Die schlimmen Erinnerungen der Sylter an die Kriegsjahre wollten auch nach Wiedereröffnung des Kurbetriebs am 1. Juni 1919 nicht schwinden. Durch den neuen Grenzverlauf zwischen Deutschland und Dänemark wurde Sylt zudem seiner einzigen Festlandsverbindung – von Munkmarsch ins nun dänische Hoyer – nahezu beraubt, denn die An- und Abreise durchs Ausland war ein Martyrium, dem sich die Gäste nicht gerne unterwarfen.

Inflation und Arbeitslosigkeit besorgten ein übriges, so daß die Zukunft des Bads alles andere als rosig aussah. Die Gästezahlen jener Nachkriegsjahre (Wenningstedt eingeschlossen), die nicht einmal die Hälfte der Vorkriegsjahre erreichten, mögen die Situation verdeutlichen:

1919: 14 202, 1920: 12 401, 1921: 19 301, 1922: 16 631, 1923: 12 857.

Westerlands weitere Entwicklung stand unter dem maßgeblichen Einfluß eines Gebäudes, das wir nun auf unserer Wanderung erreichen: dem 1927 nach dem Bau des Eisenbahndammes vom Festland nach Sylt eingeweihten *Reichsbahnhof* (heute Bundesbahnhof). Die Planungen für den Dammbau sind bis weit in die Vorkriegszeit zurückzuverfolgen, aber Inflation und Arbeitslosigkeit, ferner eine schwere Sturmflut im Sommer 1923 verschoben den Zeitplan. Erstmals war Sylt nun von deutschen Großstädten aus leicht erreichbar, doch Geldmangel behinderte die touristische Entwicklung bis in die 30er Jahre hinein. Erst nach Ende des Zweiten Weltkriegs, genaugenommen in den 60er Jahren, erreichte der Westerländer – und damit der Sylter – Fremdenverkehr die heute bekannten Dimensionen.

Weit über eine halbe Million Autos werden alljährlich (in beide Richtungen) über den Hindenburgdamm nach Westerland und zurück transportiert, und ebenso viele erholungssuchende Gäste überfluten die Insel jedes Jahr. In der Folge dieses Booms veränderte sich das Stadtbild seit Mitte der 60er Jahre in teilweise amüsanter, teilweise grotesker Weise; davon ist bei der Beschreibung unserer Wanderung nur sozusagen zwischen den Zeilen zu lesen.

Zum Ausklang unserer Tour empfehle ich einen Spaziergang den Kirchenweg entlang ins alte Westerland, dessen Stille und Abgeschiedenheit nostalgische Gefühle weckt. Wir stoßen direkt auf die im Jahr 1635 errichtete *Alte Dorfkirche St. Niels* (Schutzheiliger der Seefahrer), die, wie schon erwähnt, zum Teil aus den Überresten der vormaligen Eidumer Kirche errichtet sein soll. So wird vermutet, daß der Flügelaltar (beachten Sie die Ähnlichkeit mit den Altären der beiden anderen historischen Kirchen Sylts, St. Severin in Keitum und St. Martin in Morsum) und die Glocke aus der Eidumer Kirche stammen sollen, die bis zum 16. Jahrhundert bestand.

Ein Spaziergang über den Friedhof führt an berühmten Namen der Sylter Geschichte vorbei, beispielsweise Dirk Meinerts Hahn. Nach diesem erfolgreichen Kapitän der ruhmreichen Ära der Handelsschiffahrt ist der Ort Hahndorf in Australien benannt – dorthin brachte er auf abenteuerlicher Fahrt deutsche Auswanderer. Daneben, an der Ostseite der Kirche, liegt der Grabstein der Merret Lassen aus Rantum, die 21 Kindern das Leben schenkte.

Wenden Sie sich abschließend, wenn Sie den Kirchhof verlassen haben, nach links in den kleinen Pfad, der zwischen alten Friesenhäusern hindurchführt (das heutige Kinderheim Birkenhof ist das Geburtshaus C. P. Hansens), so werden Sie nicht glauben, daß Sie sich im Westerland des 20. Jahrhunderts befinden.

Wanderung durch Keitum: kleines Dorf mit großer Geschichte

Von Westerland kommend, nehmen wir den Parkplatz am Ortseingang rechts der Hauptstraße als Ausgangspunkt für unsere Wanderung. Wunderschön ist vorher der Blick zur Keitumer Kirche St. Severin, die, ihrer ehemaligen Nebenfunktion als Seezeichen entsprechend, Ende des 12. Jahrhunderts weit außerhalb des Ortes an erhabener Stelle gebaut wurde. Der Kirche widmen wir uns näher auf unserer Fahrradtour durch die Sylter Ostdörfer (siehe S. 101 f.).

Wir überqueren die Straße, lassen die „Möbel Deele" rechts liegen und schwenken rechts ein in den *Pröstwai* (Pastorenweg), der uns durch ein jüngeres Baugebiet zur Munkmarscher Chaussee, an den Rand des alten Keitum bringt. Mancher denkt, er beträte nun ein Freilichtmuseum, und schaut ziemlich unverhohlen in Gärten, Fenster und Türen, doch bedenken Sie: In diesem Ort wird gelebt, geliebt und gestritten wie in jeder anderen Gemeinde auch. Wer das nicht glaubt, dem empfehle ich den Besuch einer Gemeinderatssitzung, damit er sieht, dies ist kein Museum, sondern ein Ort, für den die Schönheit auch zum Problem geworden ist.

Keitum zählt zu Recht zu den schönsten Dörfern Schleswig-Holsteins. Seinen besonderen Reiz erhält es durch den großen Baumbestand, der dem Ort auch seinen Beinamen gab: Grünes Herz der Insel. Wem der Wind in den Westorten der Insel zu sehr um die Ohren fegt, der verirrt sich gerne in die geschützten Straßen dieses Ortes oder wandert die stille Wattpromenade entlang.

Dabei war Keitum (früher: Heidum = Heidedorf) noch Anfang des 19. Jahrhunderts ein baumloser Ort. Selbst hier, an der nach Osten geneigten Seite der Sylter Geest, hielten der Wind und der karge Heideboden die Vegetation im Zaum und gestatteten es keiner Pflanze, die Höhe eines Busches zu übersteigen. Die Baumbepflanzung regte Mitte des 19. Jahrhunderts, als die Blütezeit Keitums sich schon dem Ende zuneigte, der Sylter Chronist C. P. Hansen an, inspiriert von der ungewöhnlichen Anlage des Ortes – auf engem Raum hatte sich ein Haufendorf entwickelt, im Gegensatz zu den sonst in der Gegend üblichen Streusiedlungen.

Viele der Häuser, die wir auf unserem Spaziergang sehen werden, stammen dagegen schon aus dem 18. Jahrhundert, dem „goldenen Zeitalter" der Insel. Die Sylter, die es zu Steuermännern oder gar Kapitänen gebracht hatten, investierten ihr Geld besonders gerne oberhalb des grünen Kliffs mit Blick über die Watten bis zum Festland.

Doch zurück in die Gegenwart: Wir überqueren die *Munkmarscher Chaussee*, lassen das neuerbaute Pastorat rechts liegen (das alte stand an gleicher Stelle und war – 1624 erbaut – das größte und älteste Friesenhaus der Insel, bis es 1970 einer Brandstiftung zum Opfer fiel) und stehen am Eingang zum *Takerwai* (Dachdeckerweg) vor einem wahren Kleinod friesischen Baustils, dem Haus der Familie Johannsen aus dem Jahr 1698. Vom Pröstwai aus sehen Sie auf den älteren Teil des Hauses, der Ihnen charakteristische Merkmale des echten Friesenhauses vermitteln kann. Zunächst fällt die geduckte und niedrige Bauweise auf, ferner die Orientierung des Hauses von West nach Ost. Beides hatte den Sinn, auch bei stürmischen Winden keinen Widerstand zu bieten, sich der Natur lieber anzupassen als sich gegen sie aufzulehnen. Diese Einstellung, heute oft als Fatalismus belächelt, entstammte dem Erfahrungsschatz der Seeleute, die die Kräfte der Natur sehr wohl zu schätzen wußten (im Gegensatz zu den Erbauern manch skurriler Werke in der jüngeren Zeit, bei denen die Schäden nach jedem Sturm in die Zehntausende gehen...).

Die Reetbedachung war obligat, es war der billigste Baustoff, den die Natur der Insel reichlich zur Verfügung stellte. Anders das Material für Wände und Gebälk: Backsteine, Kalk und Eisenbeschläge wurden vornehmlich aus Holland importiert. Hierzu entsandte man keine besonderen Schiffe, sondern lud die Waren als Rückfracht in die Schmackschiffe* ein, wenn die Sylter Seefahrer im Frühjahr nach Amsterdam segelten, um von dort aus auf Walfang zu gehen.

Das Bauholz stammte oft von gestrandeten Schiffen; man konnte es auf den Strandauktionen erwerben. Auch gingen die Keitumer gerne in das Sylter Süderwatt, um von dort die großen Eichenstubben längst untergegangener Wälder für den geplanten Bau heranzuschaffen. Ansonsten blieb nur der Ankauf norwegischen Holzes, doch die Frachtgebühren – so wird berichtet – lagen höher als die Baukosten des Hauses.

Der Spitzgiebel über der Haustür, ein weiteres typisches Element des Friesenhauses, kam erst später, nach einigen bitteren Erfahrungen, hinzu. Bei Feuer nämlich lösten sich die Reeps (ursprünglich aus Strandhafer geflochtene Stricke zum Befestigen des Reets), und das brennende Reet, das auch vor die Haustür fiel, konnte den Bewohnern den Fluchtweg verschließen. Durch den Bau des Giebels war die Gefahr gebannt, der Eingang blieb frei. Als weitere Funktion des Giebels sei der Einstieg zum Dachraum erwähnt, meist eine kleine Luke, über die Heu und Stroh zur Isolation für den Winter eingeladen werden konnte.

Folgende Doppelseite: Der typische Friesenwall zeigt das charakteristische Fischgrät-Muster, das heute nur noch selten zu beobachten ist; auf dem Foto ein beispielhaftes Exemplar, aufgenommen um die Jahrhundertwende im Süden Westerlands.

* Flachgehende Transportschiffe, die die Sylter nach Holland brachten

Lassen Sie uns nun den Takerwai hineingehen. Ein recht typischer Friesenwall umgibt das Pastorat. Friesenwall? Auf Sylt hat vieles die Vorsilbe „Friesen" erhalten, auch wenn kaum noch eine Berechtigung erkennbar ist. Ein Beispiel sind die – neuerdings wie Pilze aus dem Boden schießenden – „Landhäuser im Friesenhausstil", die eher an fortgeschrittene Rachitis erinnern als an friesisches Kulturgut. Auch der Friesenwall wird ursprünglich nicht so geheißen haben, trotzdem ist er ein Charakteristikum ländlicher Ortschaften an unserer Küste, aus nichts anderem als der Not geboren: Die Stürme fegten regelmäßig die staubige Krume der Heide-Ackerböden fort und entblößten Feldsteine und Findlinge in so großer Zahl, daß sie regelmäßig abgesammelt werden mußten, wollte man die Äcker nicht aufgeben. Im Falle Keitums geschah dies noch Anfang dieses Jahrhunderts wintertags in der Norderheide (nördlich der Keitumer Kirche), der Munkheide und der Kampener Heide; die Lesesteine wurden zum Wallbau verwendet. Warum der Aufwand? Die ursprüngliche Baumlosigkeit zwang zum Bau von Windschutzanlagen, wozu die Wälle aus Feldsteinen besonders geeignet schienen.

Im passenden Abstand zum Haus gebaut, sorgten sie – zusammen mit dem heruntergebogenen Dach des Friesenhauses – für eine ideale Ablenkung des Windes nach oben. In niedriger gelegenen Ortsteilen erfüllten die Wälle bei Sturmfluten auch Wellenbrecherfunktion, denn bis zum Bau des Nösse-Deichs 1937 erreichte das Meer immer wieder die südlichen Ortsteile von Keitum, Archsum und Morsum.

Wichtigste Funktion aber war der Schutz der Bauerngärten vor dem überall frei herumlaufenden Vieh, so daß die Wälle oft nicht als Grundstücksgrenzen, sondern als Abgrenzung der Gemüsegärten dienten. Heute sind die meisten Wälle ihrer ursprünglichen Bedeutung beraubt, sie belegen aber immerhin den liebevollen Versuch, die Tradition aufrechtzuerhalten. Pastor Giesen wäre der letzte, der sich dem widersetzen würde.

Die typische Bauweise eines solchen Walls sieht folgendermaßen aus: Große Grundsteine werden bei einer Sohlenbreite von 120 bis 150 Zentimetern bis zu 50 Zentimeter tief in den Boden eingearbeitet. Daran schließt sich eine Schicht mit Grassoden an. Es folgen meist vier bis fünf Steinlagen, mal nach rechts, mal nach links geneigt (sogenanntes Fischgrätmuster), die jeweils durch eine Sodenschicht voneinander getrennt sind. Zur Straße erhält der Wall eine Neigung von etwa 80 Prozent, auf der Grundstücksseite wird er mit Erde abgeschrägt.

Nun können Sie selber beurteilen, was beim Pastoratswall richtig, was

160

aber auch falsch gemacht worden ist. Bei Ihrem weiteren Rundgang werden Sie sicher noch den perfekten Wall finden und vielleicht mit Kennerblick photographieren.

„Man sieht nur, was man weiß." Dieser Satz Goethes, dessen Gültigkeit soeben das Beispiel des Friesenwalls bewiesen hat, steht über vielen Kapiteln dieses Reisebuchs, besonders aber über unserem Rundgang durch Keitum. Mehr zu wissen bedeutet aber auch, den überall zutage tretenden Unverstand schneller zu erkennen, sich manchmal über die „kleine" Verschandelung mehr zu ärgern, als sich über das Erhaltene zu freuen. So geht es mir, wenn ich dem Takerwai links im Bogen folge und vor dem vielleicht schönsten Häuserensemble stehe, das Keitum zu bieten hat: Diese Häuser sind perfekt. Alles, was ein Friesenhaus zu bieten hat, ist ihnen eigen, und fast fühlt man sich um zwei Jahrhunderte zurückversetzt, wenn man nur einen Augenblick stehenbleibt und sich der harmonischen Konstruktionsweise der Häuser hingibt. Aber irgend etwas stört die Szenerie, eine Spannung scheint den Betrachter nicht loszulassen, und Sie werden vielleicht selbst merken, wovon ich spreche. Als die Häuser gebaut wurden, eng zusammen wie kaum an einer anderen Stelle des Dorfes, führte ein Heidepfad zwischen ihnen hindurch. Dieser blieb lange Zeit erhalten und störte die notwendige Freiheit der einzelnen Häuser in keiner Weise. Doch der Weg wurde breiter, und schließlich folgte der Teerbelag, der nirgendwo anders so unpassend wirkt wie an dieser Stelle.

Das rechte, kleinere der beiden Häuser wurde 1783 errichtet und zeigt auch von außen die Bauweise des Friesenhauses. An der Ostseite erkennt man deutlich die Enden der sogenannten Längsbalken, die innerhalb des Hauses auf Ständern ruhen. Diese Ständer stehen auf großen (unterirdischen) Findlingssteinen und finden sich auf beiden Längsseiten des Hauses in Abständen von zwei bis drei Metern. Auf der West- und Ostseite sowie an verschiedenen Stellen mittendrin stellen Querbalken die Stabilität her. Die Lage dieser Querbalken ist oft an den Eisenbeschlägen (Mauerankern) neben der Haustür erkennbar, die das Widerlager von außen bilden. Das Besondere dieser Bauweise liegt darin, daß das Dach nicht auf der Außenmauer ruht, sondern auf den Ständern. Gerade in sturmflutgefährdeten Gebieten hat sich diese Konstruktion bewährt: Wurde die Mauer von der Kraft der Fluten eingedrückt, blieb das Ständergerüst mit dem Dach dennoch stehen.

Um das Haus herum findet sich die typische „Steinbrücke" aus kleinen Lesesteinen, die die Feuchtigkeit vom Inneren abhalten soll.

Folgende Doppelseite: Ecke Takerwai-Kirchenweg in Keitum: Zwar stehen die Häuser heute noch – das alte Foto verdeutlicht jedoch den Eingriff durch den Straßenbau, der Keitum viel von seiner Stimmung nahm.

161

Sollten Sie – in derlei Betrachtungen versunken – nun allzu lange vor dem Haus verweilen, wird in der Klön-Tür bald Traute Meyer erscheinen, die schon manchen auch durch das stilvolle Innere des Hauses geführt hat. Da sie als oberste Denkmalschützerin der Insel ein waches Auge für wahres Interesse besitzt, werden Sie als frischgebackenes Mitglied der Söl'ring Foriining das Anwesen verlassen.

Wenn Sie im Anschluß an unsere Wanderung den Ort auf eigene Faust durchstreifen, werden Sie das Wirken des Denkmalschutzes in angenehmer Weise spüren: Erhaltene Fassaden, restaurierte Straßen gehören ebenso dazu wie die Friesenwälle und... die Verhinderung des Neubaus stilloser Apartmenthäuser im historischen Ortskern von Keitum.

Das Einverständnis der Einwohner allerdings ist unabdingbare Voraussetzung für die Durchsetzung weiterer Ziele – die nun schon jahrelang geführte Diskussion um die Einführung autofreier Zonen bestätigt dies.

Wir laufen den Takerwai hinunter (im Sommer beachten Sie bitte den herrliche Blumengarten auf der linken Seite), wenden uns im Kirchenweg nach rechts, stürmen aber noch nicht den Hoyerstieg hinauf, sondern biegen erst in den *Uwe-Jens-Lornsen-Wai* links ein.

Uwe Jens Lornsen wird heute als eine Art „Freiheitskämpfer" geehrt. Geboren wurde er 1793 nur wenige Schritte von hier in dem Haus an der Ecke zum Kastanienweg (Baujahr 1793), er studierte Jura in Kiel, wurde 1826 Kanzleirat und im Oktober 1830 Landvogt auf Sylt.

Doch schon am 24. November des gleichen Jahres wurde er wegen seiner Bemühungen um eine Verwaltungsreform und eine die Herzogtümer Schleswig und Holstein verbindende Verfassung verhaftet und zu einem Jahr Festungshaft verurteilt. Acht Jahre später, nach einigen Auslandsaufenthalten, unter anderem in Brasilien, mit denen er seinen schlechten Gesundheitszustand zu bessern hoffte, nahm er sich am Genfer See das Leben.

Das große Haus an der Ecke zum Uwe-Jens-Lornsen-Wai ist ein echtes „Kapitänshaus". Die hohen Backengiebel unterstreichen den Wohlstand, die Maueranker über der Eingangstür verraten die ursprünglichen Besitzer: CB = Christian Becker, Schiffskapitän 1746 bis 1815; KB = Karin Becker, geborene Jensen, 1759 bis 1838. Die Jahreszahl 1786 gibt das Baujahr des Giebels an, erste Erwähnung findet das Haus schon zu Anfang des 18. Jahrhunderts.

Ich nehme an, Sie sind nun neugierig geworden, wie ein Friesenhaus eigentlich von innen aussieht. Das können Sie haben. Nur wenige Schritte weiter, und wir stehen vor dem Altfriesischen Haus, dem einzigen ganz im ursprünglichen Stil erhaltenen Haus der Insel Sylt (Baudatum 1739, Giebel 1784). Bereits 1907 erwarb die Söl'ring Foriining das Haus und baute es zum Museum aus.

Museale Funktion hatte es schon vorher, denn von 1851 bis zu seinem Tode 1879 bewohnte es C. P. Hansen, der große Chronist der Insel, und er hatte schon damals seine „Conchylien- und Petrefaktensammlung" dort ausgestellt. Sein Arbeitszimmer mit dem wunderschönen Blick übers Watt ist heute zwar nicht geöffnet, aber fragen Sie einmal die Betreuerin, die das Museum seit Jahren so fürsorglich verwaltet ... Sie kann Ihnen viel Interessantes vermitteln.

Wir befinden uns „Am Kliff", in der reichsten Straße Keitums. Auch die anderen Häuser sind allesamt „Kapitänshäuser", die über 200 Jahre alt sind, unter unseren Klimabedingungen ein bemerkenswertes Alter. Die Reetdächer halten in der Regel 50 bis 70 Jahre, wobei das Reet früher aus der Landschaft kam, heute aber aus Ungarn (vom Plattensee) und aus Österreich (vom Neusiedlersee) herbeigeschafft werden muß. Das Reet wird meist mit Draht an den Dachsparren bündelweise festgenäht und mit einem Holzklopfer geradegestoßen. Als Abschluß dienen Kleisoden oder Bündel aus Heidewurzeln, die mit Holzpflöcken oder Maschendraht befestigt werden. Häufig werden auch Eternit-Abdeckungen benutzt, denn insbesondere Vögel, aber auch Eichhörnchen und Marder setzen den Naturstoffen zu und zwingen manchen Hausbesitzer zu rigorosen Maßnahmen.

In einem dieser schönen Kapitänshäuser ist das *Sylter Heimatmuseum* untergebracht, ebenfalls von der Söl'ring Foriining betreut. Neben wechselnden Ausstellungen zeigt dieses Museum heute die Sammlung der Versteinerungen und steinzeitlichen Werkzeuge von C. P. Hansen und beherbergt ferner eine sehenswerte Abteilung zur Ur- und Frühgeschichte.

Manche Räume muten eher wie ein Sammelsurium der verschiedensten Erinnerungsstücke an, Walfischwirbel finden sich in trauter Nachbarschaft zum Modell der Keitumer St.-Severin-Kirche und zu verblichenen Schiffsmotiven, aber gerade dies macht den Reiz des Museums aus, dessen Räumlichkeiten in naher Zukunft ausgebaut werden sollen.

Hinter dem Heimatmuseum laufen wir rechts herum in den *Weidemannweg,* dann links in die einzige Allee der Insel, die mit Ulmen bestandene *C.-P.-Hansen-Allee.*

Wir nähern uns dem Ende unserer Wanderung, wenn wir uns links halten

Folgende Doppelseite: Ein Dachdecker bei der Arbeit, beobachtet in Keitum: Bündelweise wird das Reet angelegt, mit dem Klopfer in Form gebracht und anschließend mit Draht an den Dachsparren befestigt: Fertig ist das „Weichdach", eine seit Jahrhunderten bewährte Bauform, deren Ursprünge bis in die römische Kaiserzeit zurückzuverfolgen sind.

Christian Peter Hansen mit Familienmitgliedern vor dem Altfriesischen Haus um 1870 – es ist nahezu unverändert erhalten geblieben. Durch die zahlreichen von Hansen gepflanzten Bäume hat sich das Gesicht Keitums allerdings zum Positiven gewandelt.

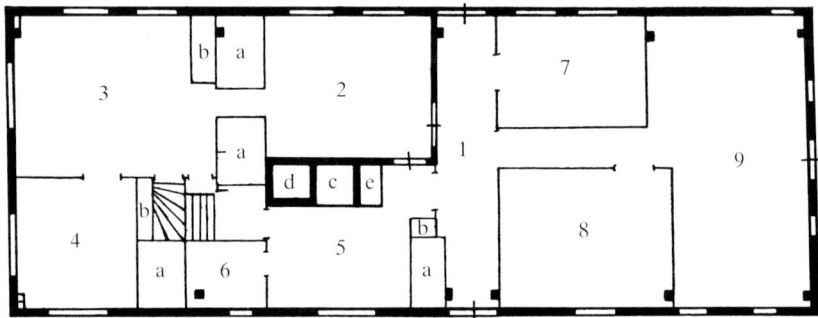

Grundriß des Altfriesischen Hauses: 1. Flur (Taal); 2. Wohnstube (Kööv); 3. Pesel (Piisel); 4. Kellerkammer (Kelerkaamer); 5. Küche (Kööken); 6. Speisekammer (Spiiskaamer); 7. Kammer (Kaamer); 8. Dreschtenne (Lö); 9. Stall (Buusem); a. Bettstelle (Bäärstair); b. Schrank (Skaap); c. offene Feuerstelle (iipen Jölstair); d. Backofen (Baak-aun); e. Nebenherd (Ialig).

und uns dem neueren Keitum in der Straße *Am Tipkenhoog* zuwenden. Kurverwaltung, Schwimmbad, Friesensaal, dahinter der Ringreiterplatz... wir gehen noch weiter, denn wir wollen noch einen Abstecher in die Bronze- und Steinzeit machen.

Nach wenigen hundert Metern erwarten Sie ein toller Blick über den Archsum-Anwachs bis zum Morsum-Kliff und – wie immer in bevorzugten Wohnlagen auf Sylt – ein Grab- und Kulthügel namens *Tipkenhoog*. Vor dem Bau der nahen Häuser konnte man vom Hügel aus die gesamte Insel von Hörnum bis nach List überschauen, und die Keitumer entzündeten bis vor wenigen Jahren hier ihre Biikefeuer.

Einen Steinwurf weiter liegt heute der *Harhoog*, eine steinzeitliche Grabanlage, die aus dem Gebiet der Mörderkuhle zwischen Keitum und Westerland an diese Stelle „umgesiedelt" wurde.

Radfahrer, die noch in den Osten der Insel weiterradeln wollen, können gleich hinunter in die Marschen fahren, Fußgängern empfehle ich den Weg hinab ans Watt und auf der Promenade zurück zum Dorf, wo sie Cafés und Restaurants zum gemütlichen Ausklang Ihrer Wanderung erwarten.

Folgende Doppelseite: Die schlichte, aber anheimelnde Bauart eines gepflegten Friesenhauses – hier im Keitumer Pröstwai – hinterläßt einen nachhaltigen Eindruck.

Wanderung am Strand von Westerland nach Kampen

Ausgangspunkt unserer Wanderung ist der Strandübergang Friedrichstraße.

Je nach Saison, Wetterlage und Tageszeit sehen wir entweder auf den turbulenten Westerländer Zentralstrand mit Tausenden von Strandkörben und einigen zehntausend Menschen oder, im November und in der Zeit von Januar bis März, auf einen schier endlosen Strand, wo vereinzelte Möwenschwärme allenfalls einmal von einem eifrigen Jogger aufgescheucht werden.

Phantastisch sind die Kontraste, die diese Landschaft zu bieten hat: Nicht nur die Natur sorgt im Laufe der Jahreszeiten für rege Abwechslung, auch der Mensch trägt das Seine dazu bei, und es gibt wohl keinen anderen Strand an deutschen Küsten, der sommertags so viele Sonnenfreunde aufzunehmen hat wie eben der Westerländer.

Der Naturliebhaber jedoch wird lieber andere Jahreszeiten wählen, um sich diese Landschaft zu erobern: Stürmische Herbsttage konkurrieren mit glasklaren Ostwindperioden im Winter, das erwachende Frühjahr läßt einen auf das erste Bad im Mai hoffen... Strandträumereien, die bei ausgedehnten Spaziergängen in würziger Luft nicht ausbleiben. Es gibt nicht wenige Besucher und Einheimische, für die der Strandgang fast eine Weltanschauung ist.

Doch zurück zur Realität: links neben uns das Hotel Miramar, 1903 in den Dünen errichtet, rechts hinter uns das 1967 erbaute Kurzentrum – wieder einer dieser Kontraste...

Sollten Sie – wie generell bei Strandwanderungen empfohlen – für Ihre Tour die Zeit um Niedrigwasser gewählt haben, können Sie gleich bis zur Flutkante und dann in Richtung Norden laufen. Bei höheren Wasserständen führte der Spaziergang bald in eine Sackgasse, denn vor der Brandenburger Ecke, dem Nordende der breiten Promenade, schlug das Wasser derart gegen Tetrapoden und Ufermauer, daß ein Durchkommen unmöglich war. Nach der im Jahre 1990 erfolgten vierten Sandvorspülung jedoch wird der Strand über mehrere Jahre problemlos zu begehen sein.

Ob Sie nun auf der Promenade oder am Wasser laufen, etwa in Höhe des Meerwasserwellenbads sehen Sie die 1961 und 1967 vorgeschütteten *Tetrapoden*, mit denen man die Gewalt der Wellen bei Sturmfluten sanfter abbremsen wollte, als es die Strandmauer vermochte. Es stellte sich jedoch bald heraus, daß selbst diese sechs Tonnen schweren Betonklötze durch die Brandung in Eigenbewegung gerieten und der verklinkerten Promenadenmauer arg zusetzten. Deshalb schüttete man Anfang der 70er Jahre Hunderte tonnenschwerer Granitfindlinge – eigens von der Ostseeinsel Bornholm importiert – vor das Basaltdeckwerk, das die Tetrapoden unterlagerte. Dieses war, da das Problem der „Fußsicherung" von festen Uferschutzwerken auf sandigem Untergrund bis heute nicht gelöst ist, ebenfalls der Zerstörungskraft des Meeres ausgeliefert. Es entstand eine mehrreihige Abwehrbastion gegen die See, die den ehemaligen Strand in eine Felsenküste verwandelte.

Von der Brandenburger Ecke unterhalb der Surfschule weitet sich der Blick in Richtung Norden. Von hier aus ist es möglich, bis über Wenningstedt hinauszublicken, erst dahinter biegt die Küste weiter um. Wir wollen unser Auge von dieser exponierten Warte aus an den Küstenschutzwerken entlangschweifen lassen: Betondeckwerk im Vordergrund, Basaltdeckwerk, im Norden anschließend zwei Tetrapodengenerationen; es fällt das immer weitere Zurückweichen dieser Anlagen auf, denn nach Durchführung einer Schutzmaßnahme kolkte das Meer die Dünen nördlich davon verstärkt aus – eine Verlängerung der Verfelsung war jeweils unumgänglich.

Die Promenade übrigens führte ursprünglich noch 150 Meter weiter nach Norden; bei der Sturmflut 1953 jedoch stürzte sie zusammen, und man errichtete das Betondeckwerk.

Seit einigen Jahren findet an dieser Stelle des Westerländer Strandes – in der Regel Ende September / Anfang Oktober – der Worldcup der Windsurfer statt, ein farbenprächtiges Spektakel von großer Faszination. Hier treffen sich die besten Windsurfer aus aller Welt, unter denen die Sieger in den Einzeldisziplinen Kursrennen, Slalom und Wellenreiten ermittelt werden, ferner der Gesamtsieger, wonach der ganze „World-Cup-Zirkus" in ein anderes Traumrevier dieser Erde weiterzieht. Sylt steht auf dem Tourneeprogramm aufgrund der verläßlichen Winde (erst ab Windstärke vier bis fünf werden die Wettkämpfe angepfiffen) sowie der besonders schwierigen „Wave-Conditions", der tückischen Sylter Brandung, deren Beherrschung ab Windstärke sieben bis acht wahre Meisterschaft voraussetzt. Es lohnt sich, auch an windigen Tagen außerhalb der World-Cup-Tage vorbeizuschauen, denn ständig flitzen mutige „Locals" zwischen den Wellen, als seien sie dort geboren.

Wir gehen spätestens hier an den Strand hinunter, überqueren nach 100 Metern die nördlichste der vier sogenannten Flunderbuhnen, Mitte der

Folgende Doppelseite: Surf-Meisterschaften vor der Brandenburger Ecke in Westerland: ausreichend Wind und Wellen vorausgesetzt, ein Augenschmaus auch für „Sehleute", die lieber auf dem Trockenen bleiben.

173

60er Jahre in Verlängerung der Betonpfahlbuhnen angelegt (siehe S. 36). Von hier an ist es möglich, die Wegstrecke bis Kampen auf den Meter genau zu verfolgen, denn alle folgenden Buhnen stehen in exakten Abständen von 167 Metern zueinander: Jeweils nach drei Buhnen haben Sie 500 Meter zurückgelegt. Lassen Sie sich dabei nicht von den Buhnen unterschiedlicher Bauart verwirren, die Sie gerade zwischen Wenningstedt und Kampen unmittelbar nebeneinander vorfinden: Betonpfahlbuhnen, Stahlspundwandbuhnen und die zum Teil über 100 Jahre alten Holzpfahl- oder Steinbuhnen.

Es lohnt sich, im Vorbeigehen einen genaueren Blick auf die Buhnen zu werfen, die über und über belegt sind mit jungen Miesmuscheln, die sich mit ihren starken Byssusfäden so fest in jede Ritze klammern, daß sie selbst bei stärksten Stürmen kaum von den Wellen abgeschlagen werden können. Ihre Hauptfeinde sind die Möwen, die die kleinen Muscheln einfach abpicken und herunterschlucken, um anschließend die bald aufgelöste und zerbröselte Kalkschale als Gewölle wieder auszuspeien. Da die Möwen gerne auf den Buhnenpfählen Rast machen, kann man sie gut dabei beobachten.

Andere Teile der Buhnen sind mit einem fast teppichartigen Überzug von Seepocken überwuchert. Unter normalen Bedingungen haben diese eine vulkanartige Gestalt, außerhalb des Wassers ist der „Krater" geschlossen. Erst wenn das Wasser wieder aufläuft, beginnt das Leben: Kleine fächerartige Gebilde greifen wie Hände in rhythmischen Bewegungen ins Wasser, um kleine Schwebeteilchen in sich hineinzuziehen. Man wird Zeuge dieses lustigen Schauspiels, wenn man ein durchsichtiges Glas mit Salzwasser füllt und eine mit Seepocken besetzte Miesmuschelschale hineinlegt. Nach wenigen Sekunden öffnet sie sich, und der Kampf um die Nahrungsaufnahme beginnt. Die Miesmuschel braucht ein wenig länger, aber bald wird auch sie ihre Schalen einen Spalt aufsperren und deutlich ihre Ein- und Ausströmungsöffnung zeigen. Schwebepartikel im Wasserglas werden kräftig herumgewirbelt. Schneidet man eine weitere Miesmuschel auf und zerreibt das Muschelfleisch über dem Wasserglas, so bricht in der Seepockenkolonie wahre Hektik aus. Alle versuchen, sich ihren Anteil zu sichern. Dabei gilt: Je länger man gebaut ist, desto eher ist man an den fetten Happen dran. Bei starker Konkurrenz bilden sich daher wahre Bohnenstangen unter den Seepocken heraus, besonders an geschützten Stellen in den Ritzen der Buhnenpfähle.

Ein weiterer Bewohner der Pfahllücken ist die Strandkrabbe, die kaum

176

auf den ersten Blick zu entdecken ist. Das Versteckspiel ist für sie eine Lebensnotwendigkeit, sobald sie ihre „Wohnung" im Trockenen verläßt, muß sie damit rechnen, Beute der Silbermöwe zu werden, die sich ihre Lieblingsspeise kaum entgehen läßt. Grausam ist das Schicksal, das die Krabben dann erwartet. Die Möwen fliegen mit ihnen auf, lassen sie auf die Buhnen oder Uferschutzwerke fallen und hacken den leblosen Körper auf, um den Inhalt des Panzers zu verzehren. Die Strandkrabben aber sind Überlebenskünstler: Oft können sie dem Gemetzel entfliehen, indem sie ihre Gliedmaßen (auch die Scheren) selbst abwerfen, damit der Möwe entwischen und in den Wochen danach alles Verlorengegangene regenerieren. Bei der nächsten Häutung, die nun schneller erfolgt, haben sie dann ihre ursprüngliche Gestalt wiedergewonnen. Auch das Verschwinden des Wassers stört sie nicht. Wie die Miesmuscheln und Seepocken haben sie Kiemen; da sie sich jedoch nicht wie diese verschließen können, sammeln sie den Luftsauerstoff in kleinen Wassertanks neben ihren Kiemen und stellen so die Versorgung sicher.

Die größeren Möwen übrigens, die auf den Buhnen sitzen oder in den Aufwinden über dem Dünenkliff segeln, sind fast immer die bekannten Silbermöwen, die bis zu ihrer Geschlechtsreife im vierten/fünften Lebensjahr bräunliche und gräuliche Gefiederzeichnungen tragen. Erst dann gelten sie als „adult" und weisen die hübsche weiße Tracht mit hellgrauen Flügeldecken auf. Die deutlich kleineren Möwen mit den im Sommer dunkelbraunen Köpfen sind die Lachmöwen, die längst nicht mehr als reine Küstenvögel anzusehen sind. Als weitere auffällige Vertreter der Vogelwelt werden Sie zwischen Mai und September verschiedene Seeschwalbenarten beobachten können (meist Küstenseeschwalben, aber auch Brand-, Fluß- und Zwergseeschwalben), die mit klirrenden Geräuschen blitzschnell ins Wasser tauchen und mit kleinen Sandspierlingen im Schnabel wieder davonfliegen. Ein Fernglas tut hier gute Dienste, aber auch mit bloßem Auge können Sie die Tiere gut beobachten.

Als kleiner Tip sei an dieser Stelle auf den *Seevogellehrpfad* hingewiesen, den die Ornithologische Arbeitsgemeinschaft Sylt gemeinsam mit den Städtischen Kurbetrieben auf der Promenade eingerichtet hat. Informationen dazu erhalten Sie im Kurmittelhaus.

Wenn Sie dem Strand in Richtung Norden folgen, fallen bei Niedrigwasser die Unregelmäßigkeiten des „nassen Strandes" auf, des Teils also, der bei Hochwasser vom Meer bedeckt ist: Meist an den Südseiten und an den seeseitigen Köpfen der Buhnen haben sich tiefe Kolke herausgebildet, die

Folgende Doppelseite: Septembermorgen am Wenningstedter Strand: Starke westliche Winde, verbunden mit Regenschauern und Kaltlufteinbrüchen, kündigen das Ende der Saison an. Die nahezu 12 000 Strandkörbe am Sylter Westufer werden gruppiert, gesäubert und verschwinden schließlich in großen Lagerhallen. Der Strand gehört nun wieder der Natur.

selbst bei Niedrigwasser noch durchaus ein bis zwei Meter Tiefe messen können. Man erkennt daran die unerwünschte Verwirbelung der Strömung, die den Sand bei vorherrschenden Südwestwinden an den Südseiten der Buhnen geballt herausreißt. Die Strömungen sind bei stärkerem Wind für Badende sehr gefährlich! Da ein Gegenanschwimmen in aller Regel zwecklos ist, gibt es nur die Möglichkeit, sich ruhig treiben zu lassen (leichter gesagt als getan bei den kabbeligen Wellen!). Bald hinter dem Buhnenkopf endet die Strömung, man kann seitlich herausschwimmen und mindestens 50 Meter von der Buhne entfernt ohne Probleme wieder an den Strand gelangen. Diese durchaus tückischen Strömungen werden Trecker (von trecken = ziehen) genannt. Sie wandern besonders bei direkt auflandigen Winden am Strand entlang und sind an der durch Aufwirbelung und Luftblasen verursachten helleren Färbung des Wassers sowie an den durch die Unterströmung unruhigen Wellen deutlich zu erkennen. Ab Windstärke fünf bis sechs können diese Trecker in Verbindung mit der aufgepeitschten Brandung durchaus Lebensgefahr bedeuten. Achten Sie also im Fall eines anstehenden Badeverbots bei starken Westwinden auf die abgegrenzten Badezonen der Rettungsschwimmer!

Wir erreichen die *Seenotstelle* im Norden Westerlands. Über die schräge Zufahrtsstraße können die Rettungsfahrzeuge (gegebenenfalls samt Booten) problemlos auf den Strand fahren. Das Café und Restaurant „Seenot" erinnert an die zur Zeit der Segelschiffahrt häufigen Strandungsfälle, die heute fast völlig der Vergangenheit angehören.

Der nun folgende Strandbereich hat sehr von den Sandmassen profitiert, die in den vergangenen Jahren vor dem zentralen Westerland vorgespült wurden. Die vor dem Dünenfuß liegende Tetrapodenkette war bald nach ihrem Bau Anfang der 60er Jahre bis zum Fundament freigelegt und sackte teilweise ab. Heute liegt der Strand zwei bis drei Meter höher, und die Tetrapoden sind fast im Sand verschwunden. Auch die Dünen haben durch den Sandflug an Masse gewonnen. Dies belegt die positive Wirkung der Sandvorspülungen auch auf entferntere Strandgebiete, denn der Küstenlängstransport sorgt für eine schnelle Verteilung des Sandes. Die Gefahr eines erneuten Durchbruchs der Dünen wie bei der Sturmflut im Februar 1962, als das Wasser von hier aus quer durch Westerland hindurchströmte, ist damit gebannt.

Nach wenigen hundert Metern erreichen wir den nördlichen FKK-Strand Westerlands unterhalb des Instituts für angewandte Physiologie und medizinische Klimatologie; wir sind schon landseitig auf unserer Fahrradtour von Westerland nach List daran vorbeigekommen. Der Übergang nördlich des Institutsgeländes ist auch im Sommer ohne Strandkarte zugänglich. Warum? Jede Kurverwaltung ist verpflichtet, im Bereich ihres konzessionierten Strandabschnitts den Badegästen zumindest einen Übergang kostenfrei offenzuhalten, damit die gesetzlich garantierte freie Zugänglichkeit des Strandes gewährleistet bleibt.

Nördlich der Tetrapoden taucht – langsam an Höhe gewinnend – das Rote Kliff auf, eines der markanten Wahrzeichen Sylts. Die Abbruchkante ist am Ende der Tetrapodenkette besonders gut zu beobachten, obwohl der untere Teil des Kliffs von hier aus bis nach Kampen wegen der 1985 vorgenommenen Sandvorspülung (leider) nicht mehr zu sehen ist.

Geologische Untersuchungen beweisen die Existenz einer kompletten Schichtfolge, angefangen beim pliozänen Kaolinsand (sehr auffällig durch die helle Färbung; kurz vor Kampen oberhalb der Sandvorspülung noch zu sehen) über die Ablagerungen aller drei Eiszeiten (!) bis hin zu den nacheiszeitlichen, deutlich dunkleren Bodenbildungen am oberen Rand, die anschließend von den Dünen überweht worden sind.

Die Abbrüche an diesem mächtigen Kliff sind in den Jahren vor der Sandvorspülung beträchtlich gewesen. In der Wenningstedter Kurverwaltung finden sich Vergleichsaufnahmen aus den zurückliegenden Jahrzehnten, die das gefährliche „Heranwandern" der Häuser an die Kliffkante bezeugen.

Eine Strandwanderung am Roten Kliff ist nicht denkbar ohne einen Abstecher nach oben, denn der traumhafte Blick von dort gehört zum Schönsten, was Sylt zu bieten hat. Dazu sollten Sie nicht die Wenningstedter Haupttreppe erklimmen, denn Sie müßten wegen der Abbrüche erst ostwärts durch den Ort laufen. Wenn Sie einen der nächsten Aufgänge benutzen (beispielsweise bei der Strandsauna), können Sie einen „aussichtsreichen" Spaziergang an der Kliffkante unternehmen: Zwischen den bizarren, ausgeblasenen Dünen sind sogenannte Steinpflaster freigeweht, unter denen sich geschliffene Windkanter* und Versteinerungen finden lassen. Das herabhängende Wurzelwerk des Strandhafers belegt das ständige Zurückweichen der Dünen vor dem Wind, der hier bemerkenswerte Kapriolen schlägt. Ab Windstärke sieben bis acht tobt ein wahrer Sandsturm.

Die schönste Aussicht genießt man natürlich vom höchsten Punkt der Insel, der *Uwe-Düne,* die Sie automatisch erreichen, wenn Sie dem Kliffweg bis nach Kampen folgen. Von hier oben reicht das Auge bei klarer Sicht

Folgende Doppelseite: Stilvolles Friesenhaus in Kampen; ein weites und freies Grundstück unterstützt die ästhetische Wirkung dieses Kleinods, vermittelt Offenheit und Wohnkultur.

* Steine mit zunächst runder Oberfläche, die durch Wind- und Sandschliff eine charakteristische Form erhalten

über die gesamte Insel Sylt, bis nach Föhr, zum Festland und nach Rømø – eine wahrhaft begeisternde Weite. Besonders zur Zeit des Sonnenuntergangs versammeln sich hier viele Fotografen, denn die Szenerie von Dünen und flachstehender Sonne ist einmalig.

Von hier können Sie den Dünenweg direkt nach Norden einschlagen, der Sie zur Kampener Nordheide bringt. Der Blick weitet sich über die Heide samt Sturmhaube, Haus Kliffende und das Quermarkenfeuer bis in das Naturschutzgebiet Nord-Sylt, das hier beginnt und erst am Ellenbogen endet. Wer will, kann die Strandwanderung bis nach List fortsetzen...

Zur Ortsmitte von Kampen geht's rechts herum, wo Sie nach wenigen hundert Metern auf die Hauptstraße stoßen. Wer Appetit bekommen hat, wird in den Restaurants und Cafés schon das Richtige finden, und wer noch nicht genug vom Wandern hat, dem rate ich, den Ort Richtung Osten zu durchqueren (vom „Kaamp-Hüs" aus der Ausschilderung in Richtung Kupferkanne folgen), wo Sie ein Kontrastprogramm erwartet: Am idyllischen Wattufer entlang können Sie über Munkmarsch bis nach Keitum laufen, womit das Tagespensum wohl auch für ausdauernde Wanderer erfüllt wäre.

Wanderung am Königshafen und um den Ellenbogen: reizvoller Norden

Beginnen wir gleich am Lister Hafen, vielleicht nach dem Verzehr einer delikaten Fischsuppe am nördlichsten Kiosk Deutschlands, denn die nun folgende Wanderung hat's in sich. Will man tatsächlich die Ellenbogenspitze vom Lister Hafen aus umrunden und über den Nord- und Weststrand sowie die Lister Strandhalle zurückkehren, hat man eine Strecke vor sich, die die Entfernung von Westerland nach List noch übersteigt. Fast 20 Kilometer sind es, die uns jetzt erwarten, aber wer sich überwindet, wird, mit schönen Naturstimmungen belohnt, das Nordende der Insel so schnell nicht wieder vergessen...

Nördlich des Hafens fällt der mehrere Hektar umfassende ziemlich verwahrloste Betonplattenbelag auf, der sich fast bis zum Königshafen hinzieht und heute als Parkplatz genutzt wird. Er ist Teil des *Seefliegerhorsts List*, der in den 30er Jahren gebaut wurde.

Diese Stelle der Insel errang Anfang der 30er Jahre Weltgeltung, als Wolfgang von Gronau mit seinem Flugboot Dornier „Wal" drei legendäre Weitflüge unternahm. So startete er am 18. August 1930 zu einem (ungenehmigten) Flug nach New York mit Zwischenlandung in Irland, Grönland und Kanada. Im August des darauffolgenden Jahres ging's über eine ähnliche Route nach Chicago, und am 22. Juli 1932 schließlich begann er auf dem Wasser des Königshafens seinen Flug um die Welt, den er fast vier Monate später – nach 45 000 Flugkilometern – vor der Dornier-Werft am Bodensee glücklich beenden konnte.

Pionierleistungen dieser Art spielten in jenen Jahren der Weltwirtschaftskrise sowie der sich entwickelnden Luftfahrt eine bedeutende Rolle für das Selbstbewußtsein des Staates, so daß der Name List nach jahrhundertelangem Schlaf erstmals in das Licht der Öffentlichkeit rückte.

Am Nordende dieses Riesenparkplatzes steht ein kleines Häuschen mit der Aufschrift „Biologische Station", dem Sie vor Antritt der Wanderung einen Besuch abstatten können. Die netten Mitarbeiter(-innen) von Prof. Dr. Herbert Bruns, dem Gründer dieser Informationsstelle, freuen sich aufrichtig, wenn sich jemand aus dem Rummel des Lister Hafens löst und sich ein wenig für die Natur der Insel interessiert. Besonders vogelkundlich orientierten Wanderern sei der Stopp zu empfehlen, denn hier können Sie genau erfahren, welche Vögel zur Zeit in welchem Gebiet sind. Diese hilfreiche Kenntnis erfordert ständige Beobachtungen, für die sich Prof. Bruns mit seinem Bund für Lebensschutz große Verdienste erwor-

Das Leuchtfeuer El-
lenbogen-Ost leitet
den Wanderer auf
seinem weiten Weg
um das nördliche
Ende der Insel Sylt.
Bei klarer Sicht ist
im Osten das däni-
sche Festland sicht-
bar, im Norden die
Nachbarinsel Rømø.

* Überdüngung,
meist durch Stickstoff
und Phosphate

ben hat. Es werden auch Führungen ins Watt und auf den Möwenbergdeich angeboten.

Wattseitig der Biologischen Station liegt eine Segel- und Surfschule, nördlich davon die sogenannte Litoralstation der Biologischen Anstalt Helgoland. Von hier aus wird schon seit Jahrzehnten Wattenmeerforschung im
Königshafen betrieben; aufschlußreiche Vergleiche zwischen früheren
und aktuellen Verhältnissen sind seit jüngster Zeit möglich.

Von hier aus gelangten frühzeitig Warnungen vor der Eutrophierung*
und Verschmutzung unserer Küstengewässer an die Öffentlichkeit, die jedoch so lange nahezu ohne Resonanz blieben, bis die Folgen im Sommer
1988 mit seinem übernatürlichen Algenwachstum und Seehundsterben
plötzlich (und endlich!) tiefer in das Bewußtsein gerückt wurden.

Wir nehmen nicht den Uferweg, der sehr schwer begehbar ist, sondern
lassen Biologische Station und Litoralstation rechts liegen, um bald an
den Dünenüberweg zum Königshafen zu gelangen. Sie haben sich, nachdem dieser Name schon mehrfach gefallen ist, wahrscheinlich eine andere
Vorstellung von ihm gemacht: Es handelt sich eben nicht um eine künstli-
che Hafenanlage (obwohl sie in früheren Zeiten mehrmals hier geplant
war), sondern um eine weite, geschützte Naturbucht, wie man sie sonst an
der ganzen Nordseeküste zwischen Esbjerg und Elbemündung nicht noch
einmal findet.

Bis heute ist die Bucht des Königshafens durch fortlaufende Sedimenta-
tionsprozesse längst zu flach für größere Schiffe geworden, in früheren
Jahrhunderten hingegen suchten Segler verschiedener Nationen hier bei
Sturmfluten Schutz; wiederholt kam es, wie wir der Überlieferung ent-
nehmen können, zu Seegefechten.

Zwei besondere Vorkommnisse ereigneten sich in den Tagen zwischen
dem 16. und 25. Mai 1644, von dem bedeutenden Sylter Chronisten Christian Peter Hansen in seinem Buch „Insel Sylt wie sie war", Leipzig 1859,
in folgender Weise wiedergegeben:

*„Denken wir uns in die Vergangenheit zurück, z. B. als am Abend des 16.
Mai 1644 nach einer heißen Seeschlacht in der Listertiefe, in welcher die
Dänen unter der Anführung ihres heldenmüthigen Königs Christian IV. einen glorreichen Sieg über eine damals vereinigte Schwedisch-holländische
Flotte gewonnen hatten, der König ans Land gestiegen war, um die Gegend
und seine und des Feindes Verluste, aber auch die übriggebliebenen Streit-
kräfte beider Parteien zu übersehen. Damals schwamm der Königshafen
voller dänischer Orlogschiffe, allein auch voller Leichname der Gefalle-*

186

nen. Die Schweden sollen in dieser Seeschlacht, welche von sechs Uhr morgens bis zum Mittag dauerte, allein 1100 Mann verloren haben, hatten sich aber nach der Schlacht mit ihren Schiffen in die inneren seichten Wattströme unweit Sylt und Römöe zurückgezogen, wohin die schweren, tiefgehenden Linienschiffe des Königs ihnen nicht folgen konnten. [...] Oder denken wir uns, als neun Tage später – nachdem der König mit seiner Flotte wieder auf die See hinausgesegelt war, die Schweden aber wiederum bei List lagen und die Einwohner Sylts unterdeß vielfach geneckt und geplündert hatten –, am 25. Mai 1644, plötzlich auf den Höhen rings um den Königshafen abermals Kriegsgeschrei erscholl und dieselben von Menschen von kriegerischem Aussehen wie durch ein Wunder bedeckt wurden. Es waren die über die Plünderungen der Schweden erbitterten Sylter und Sylterinnen, welche im Verein mit einzelnen dänischen Soldaten einen Kriegszug nach List unternahmen, um die Schweden und Holländer zu verjagen. Es gelang ihnen vollkommen; die Feinde flohen erschreckt auf ihre Schiffe, lichteten sofort ihre Anker und segelten zum Hafen und durch die Listertiefe seewärts hinaus, um nicht wiederzukehren."

Soweit die Geschehnisse vor fast 350 Jahren an gleicher Stelle, die uns einen Eindruck geben von den damaligen Verhältnissen in dieser Naturbucht, die seitdem den Namen Königshafen trägt.

Heute gibt es ganz andere Probleme in diesem Teil der Insel, dem wir uns im folgenden widmen wollen. Zunächst jedoch sei ein kleiner Rundblick zur ersten Orientierung gestattet: Schräg vor uns liegt die *Lister Sandnehrung*, ein vom Bund für Lebensschutz betreutes Seevogelschutzgebiet, im Nordwesten erkennt man die Insel *Uthörn*, die unter den Fittichen des Deutschen Bundes für Vogelschutz steht, im Hintergrund schließlich erstreckt sich der lange Arm des *Ellenbogens* mit den beiden fotogenen Leuchtfeuern sowie einigen Häusern der Ansiedlung Uthörn kurz vor der Ostspitze. Bei klarem Wetter ist durchaus auch die dänische Nachbarinsel *Rømø* zu sehen, doch werden wir sie von der Ellenbogenspitze aus besser erkennen.

Das Watt des Königshafens darf als Schutzzone des Nationalparks Schleswig-Holsteinisches Wattenmeer nicht betreten werden, damit zum Beispiel die auf Uthörn lebende Seehundkolonie nicht gestört wird.

Nirgendwo anders im Nationalpark aber stoßen verschiedene Interessen so aufeinander wie hier: Im Sommer rasen tagtäglich Hunderte von Surfern im Königshafen herum und verbreiten Unruhe und Schrecken unter der Vogel- und Seehundwelt, zwischen Oktober und März befindet sich just hier die Einflugschneise von Kampfflugzeugen, die Bomben, Raketen und Granaten mit entsprechendem Getöse auf Ziele im inneren Marschwiesenbereich der Bucht abfeuern.

Da fragt man sich natürlich zu Recht, was die eigene Zurückhaltung, der sorgsame Umgang mit der Sylter Natur eigentlich für einen Sinn hat, wenn andererseits solche Großstörungen auch von amtlicher Seite geduldet werden. Nun, wir sollten uns daran kein Beispiel nehmen.

Zur Zeit der Jungvogelaufzucht im Mai und Juni herrscht reger Betrieb auf der flachen Sandnehrung, die sich vor uns in den Königshafen erstreckt. Sie wurde landseitig eingezäunt, um den Seevögeln die notwendige Ruhe zur Brut zu ermöglichen, aber mit einem Fernglas können Sie die jungen Sandregenpfeifer, Austernfischer und Rotschenkel gut beobachten, die wie kleine Wattebällchen als Nestflüchter sofort die Welt erobern wollen. Während die einen schon eilfertig im Sandboden herumpicken, lassen sich die Seeschwalbenjungen zunächst einmal am Nest verwöhnen: Ständig bringen die Altvögel neue Leckereien heran. Für Aufregung sorgen die gierigen Silber- und Lachmöwen, die immer wieder versuchen, Eier oder Jungvögel zu erhaschen; die meist kleineren Watvögel antworten mit lautem Gekreisch und Gegenangriffen. Man könnte stundenlang zuschauen, wir aber müssen weiter, denn die vor uns liegende Strecke ist noch lang.

Wir halten uns links und erreichen nach kurzer Strecke den *Möwenbergdeich*, der seit 1936 die flachgelegenen Ortsteile von List von Norden her schützt. Vorher verlief ein schiffbarer Wattstrom fast bis vor die Häuser der alten Dorfstraße, so daß hier schon eine sehr gut geschützte Hafenbucht bestand. Doch die Militäranlagen samt Flugplatz, die zum Teil erst nach künstlichen Aufspülungen errichtet werden konnten, verlangten ausreichend Schutz, ferner standen Arbeitskräfte im Übermaß zur Verfügung, so daß man die Arbeiten parallel zum Bau des Nösse-Deichs vornehmen konnte.

Irgendwann überqueren Sie den Auslauf des Lister Klärwerks, das aber – nach seinem Aus- und Umbau in den 80er Jahren – erst mehrere hundert Meter weiter hinter dem Deich zu erkennen ist.

Der Möwenbergdeich ist nicht lang, er endet bald an einer vorgerückten Stelle der Dünen und gibt uns die Möglichkeit, direkt am Wattufer entlangzulaufen. Bei Niedrigwasser ist nur in der Mitte des Königshafens ein kleiner Wasserlauf zu erkennen, und man meint, bis zum Ellenbogen „abkürzen" zu können. Weit gefehlt! Es gibt im Königshafen gefährliche

Begegnung im List-
land: Hier treffen
sich Gleichgesinnte.

Schlicklöcher, die für den Unkundigen eine böse Falle sein können: Deshalb bleiben Sie bitte in Ufernähe, auch wenn – laut Nationalparkgesetz – die ersten 150 Meter vor dem Deich- und Dünenfuß betreten werden dürfen.

Die zahlreichen hier grasenden Schafe halten es genauso. Diese gehören Niels Diedrichsen, dem Großgrundbesitzer von Sylt, sowie der Familie Paulsen, die das gesamte Listland von fast 13 Quadratkilometern Fläche, beginnend nördlich der Kampener Vogelkoje und erst an der Ellenbogenspitze endend, seit Generationen ihr Eigentum nennen.

Im 15. Jahrhundert bereits erhielten die beiden Fanöer Fischer Jürgen Jensen und Jürgen Hansen das nach der Sturmflut von 1362 unbewohnte Gebiet als „Erbfeste" vom dänischen König. 1848 wurden diese Erbfesten in Privatbesitz umgewandelt, der sich bis heute unter den beiden Familien aufteilt. Wer nun meint, besonderer Reichtum sei die Folge, sieht sich getäuscht: Seit 1923 nämlich steht das gesamte Gebiet mit Ausnahme einiger Ortsteile von List unter Naturschutz und darf somit nicht bebaut werden. Lediglich die Siedlung „Sonnenland" wurde im Rahmen einer (aus Naturschutzsicht zweifelhaften) Wiedergutmachung der Behörden als Bauland ausgewiesen, denn die beiden Familien waren im Rahmen der militärischen Aktivitäten in den 30er Jahren einfach um etwa 2,5 Quadratkilometer „erleichtert" worden.

Wenn wir uns also heute an irgendeiner Stelle im Listland bewegen, tun wir dieses auf Privatgrundstück. Verhalten wir uns entsprechend!

Eine besondere Augenweide ist die Marschenwiese im inneren Teil des Königshafens, die wir im großen Bogen über die Ellenbogenstraße umlaufen müssen. Nur an wenigen Stellen der nordfriesischen Wattenküsten sieht man noch eine natürlich gebliebene Salzwiese mit ihren geschwungenen Wasserläufen und dem teppichartigen Andelgras, das besonders beim Barfußlaufen einen wohligen Eindruck an den Füßen hinterläßt. Würde hier keine Schafweide betrieben – aber wer will es den Listlandbesitzern verübeln! –, hätten wir eine „knietiefe" blühende Strandaster-, Bondestave- und Keilmeldenwiese vor uns, wie beispielsweise südlich von Rantum. Aber in ihrer Teppichform hat diese Wiese für Wanderer sicher einen höheren Reiz...

Am Anfang der Ellenbogenstraße kassiert man von den Autofahrern eine Mautgebühr, Radfahrer und Fußgänger bleiben von Abgaben verschont und können unbehelligt ihren Weg fortsetzen. Wenn Sie ein Stück die

Straße entlanggelaufen sind und sich in Höhe des *Leuchtturms Ellenbogen West* (Tageskennung: weiß) befinden, dürfen Sie die Straße wieder in Richtung Wattufer verlassen, nun nach Osten, der Ellenbogenspitze entgegen.

Die beiden Leuchtfeuer sind neben dem Leuchtturm „Rote Kliff" die ältesten Signaltürme der Insel Sylt. Sie wurden bereits im Jahr 1858 in Betrieb genommen und zeigen, welche Bedeutung man schon damals dem geschützten Lister Naturhafen zumaß.

Nach knapp drei Kilometern erreichen Sie die Höhe des etwas größeren *Leuchtfeuers Ellenbogen-Ost* (Tageskennung: weiß mit rotem Streifen), der bei einer eigenen Höhe von 12,5 Metern immerhin aus 23 Meter über Normalnull über das strömungsreiche Lister Tief bis nach Rømø hinüberleuchtet. Ich hoffe, Sie haben bei der Überquerung des kleinen Priels keine Probleme gehabt...

Von hier ist es – am Surfrevier vorbei – nur noch etwa einen Kilometer bis zur Ostspitze des Ellenbogens, die aufgrund der stärkeren Flutströmung und der vorherrschend westlichen Winde schon seit Jahrhunderten ständig nach Osten wandert, teilweise mit Beträgen von über 15 Metern pro Jahr. Im Gegensatz zur Hörnumer Südspitze, wo nach dem Südwärtswachstum der vergangenen Jahrhunderte nun eine Phase des Rückschritts eingetreten ist, scheint dem weiteren Wachstum des Ellenbogens nichts im Wege zu stehen. Wir erreichen dessen Spitze und stehen gebannt vor den mächtigen Wirbeln, die die Gezeitenströmungen erzeugen, wenn sie pro Tide über 500 Millionen Kubikmeter Wasser in das Wattenmeer östlich der Insel hinein- und herauspumpen.

Der Weg führt uns nun über gute 4,5 Kilometer am Nordstrand des Ellenbogens entlang. Weiter als knietief sollte man keinesfalls ins Wasser gehen, denn schnell packt die starke Strömung zu!

Die Stahlspundwandbuhnen, die man in den 30er Jahren installierte, sind entsprechend mitgenommen: Speerspitzengleich ragen nur noch die Verbindungsstücke der einzelnen Spundwände in die Luft, schauen Sie sich das Zerstörungswerk von Sand und Meer bei Ihrem Spaziergang nur einmal näher an!

An der Ansatzstelle des Ellenbogens, dem sogenannten *Ostindienfahrerhuk*, spülte man 1988 für sieben Millionen Mark Sand vor den Dünenfuß, weil auch an diesem Inselende infolge der kräftigen Gezeitenströmungen stärkere Küstenabbrüche, die im langjährigen Mittel die Zwei-Meter-Marke erreichen, zu verzeichnen sind.

Die Erklärung der Bezeichung Ostindienfahrerhuk überlasse ich gerne C. P. Hansen, der 1859 schreibt:

„Im Jahre 1751 scheiterte [. . .] ein großer holländischer Ostindienfahrer an der Nordweststrecke des Listlandes, und 100 Jahre später habe ich noch an derselben, seit der Zeit unveränderten Spitze der Insel das Kolossale Gerippe dieses Schiffes wie ein festes, diese Ecke schützendes Bollwerk am Ufer gesehen. Diese Ecke heißt daher jetzt ‚Uastinjefahrershuk'."

Die Spundwände, an denen sich heute bei Niedrigwasser die Wellen brechen, haben mit diesem Schiff allerdings nichts zu tun: Man baute sie kurz vor dem Ausbruch des Zweiten Weltkriegs als Fußsicherung eines Basaltdeckwerks, das den Ellenbogenansatz schützen sollte. Dieses jedoch wurde so schnell vom Meer zerstört, daß man schon Anfang der 50er Jahre einen Teil der Basaltsteine abbaute und zur Hallig Hooge transportierte, um sie dort zum Uferschutz zu verwenden. Noch heute können Sie den Rest dieser Anlage an einigen Stellen oberhalb der Sandvorspülung erkennen.

Wir erreichen etwa zwei Kilometer weiter südlich den Übergang zur neuen Lister Kurstrandhalle. Hier stand – direkt neben dem heutigen Übergang – die Vorläuferin, ein häßliches Bauwerk aus dem Ende der 50er Jahre, das nach einer Sturmflut im November 1985 bereits einige Meter über die Abbruchkante schaute, bevor es schleunigst abgerissen wurde. Nun hat man landeinwärts das neue Gebäude errichtet, aber diesmal gleich in transportabler Holzbauweise... Wer auf der Wanderung „fußkrank" geworden ist, möge hier in Ruhe einkehren, auch ist im Sommer die Möglichkeit gegeben, mit dem „Badebus" nach List zurückzukehren.

Die Unverdrossenen werden zu Fuß den Königshafen wieder erreichen, um auf bekanntem Weg dem Hafen zuzustreben.

Die Sylter Welle, Symbol für Schönheit, Dynamik und Vergänglichkeit unserer zauberhaften Inselnatur

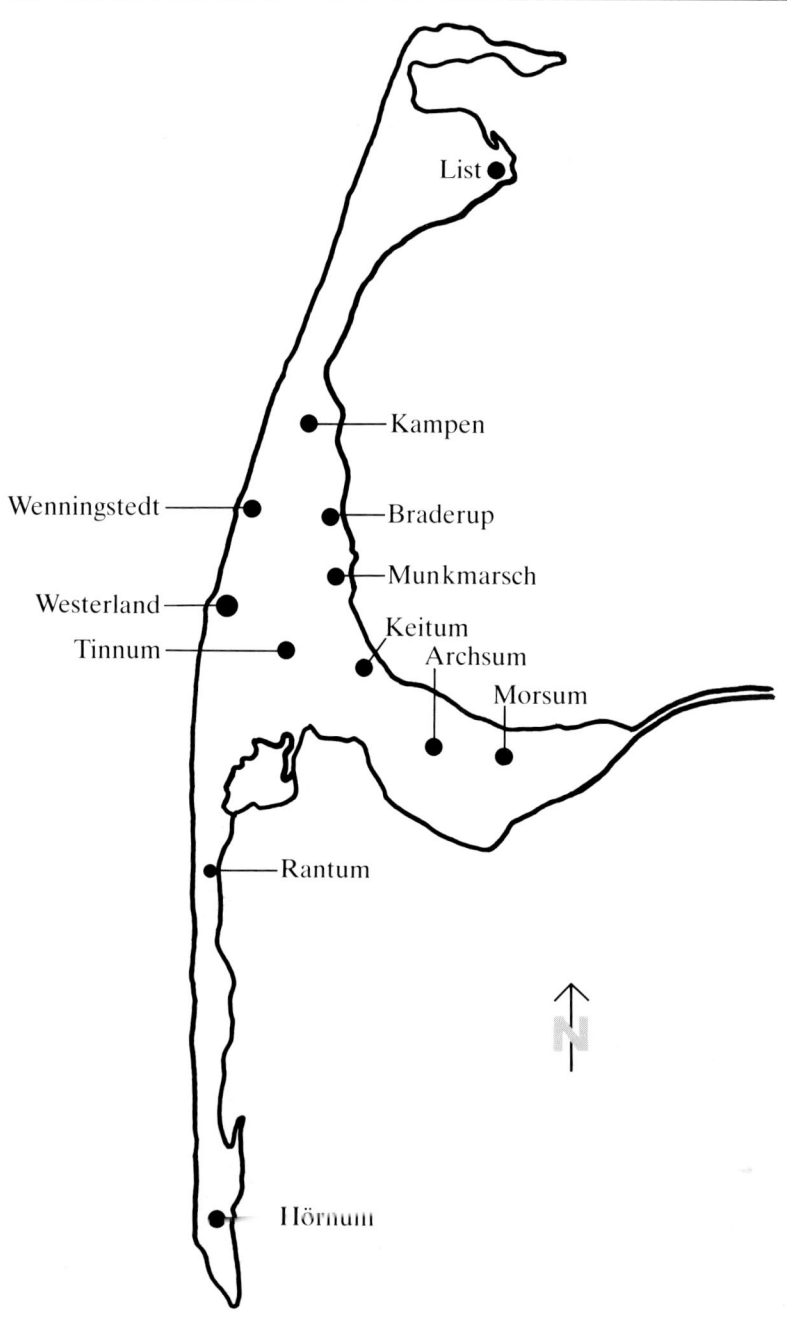

Allgemeine Urlaubstips

Drei wichtige Fragen bedürfen im Falle einer Urlaubsplanung grundsätzlich einer Klärung:

▷ In welchem der zehn Sylter Orte möchten Sie wohnen?

▷ Wie wollen Sie unterkommen?

▷ Wann können Sie Ihren Urlaub einrichten?

Die einzelnen Gemeinden der Inseln besitzen ein sehr unterschiedliches Gepräge, doch sollte man mit Pauschalierungen vorsichtig sein. Auch im sommerlich turbulenten Westerland können Sie beispielsweise in stillen Ortsteilen wohnen, nur liegen diese etwas weiter vom – lebhaften – Strand entfernt. Genauso können Sie das Pech haben, in einem ruhigen Ort wie Rantum oder Archsum an der lauten Hauptstraße zu landen. Auch das Umfeld sollte in die Planung miteinbezogen sein: Soll der Strand in der Nähe sein, ist ein Kinderspielplatz erwünscht, ist eine Busverbindung vorhanden?

Um diese Fragen zu klären, fordern Sie rechtzeitig kostenloses Informationsmaterial bei den Kurverwaltungen an. Über die Adresse der Bädergemeinschaft Sylt e. V., Tel.-Auskunft: 04651/22450, Postfach 1150, Stephanstraße 6, 2280 Westerland/Sylt, erhalten Sie darüber hinaus zahlreiche Einzelprospekte, wenn Sie spezielle Interessen haben (Surfen, Golfen, Camping, Tennis, Wattwandern, Angeln, auch Tips über behindertengerechte Unterkünfte sowie zur Beantragung einer Kur etc.) sowie das Gesamtgastgeberverzeichnis der Insel, in dem – nach Jahren selbstgewählter Abstinenz – ab 1989 auch Kampen wieder vertreten ist.

Es stehen auf Sylt über 100000 „Betten" zur Verfügung, angefangen (in preislicher Reihenfolge) beim eigenen Schlafsack auf dem Campingplatz (Hörnum, Rantum, Westerland, Wenningstedt, Kampen, Tinnum, Morsum), in Jugendherbergen (Hörnum und List) und Heimen, Privatunterkünften, Pensionen, Gasthäusern und Hotels sowie Ferienwohnungen und -häusern in allen Orten der Insel. Mit anderen Worten: Sie haben die Wahl zwischen Unterkünften von etwa 10,– DM bis zu über 300,– DM pro Tag (plus ortsüblicher Kurabgabe, die je nach Ort, Jahreszeit sowie Anzahl der Familienmitglieder zwischen 0 und 6,– DM schwanken kann). Beachten Sie bitte bei kurzfristigen Urlaubsentschlüs-

Anschrift Kurverwaltung	Telefon-vorwahl	Zimmer-nachweis	Kur-verwaltung
2280 Westerland, Postfach 16 20	0 46 51	2 40 01	8 11
2283 Wenningstedt, Strandstraße 25	0 46 51	4 32 10	447-0
2280 Sylt-Ost-Archsum	0 46 54	2 51	2 51
2280 Sylt-Ost-Keitum, Am Tipkenhoog 5	0 46 51	3 10 50	3 10 50
2280 Sylt-Ost-Morsum	0 46 54	2 49	2 49
2280 Sylt-Ost-Tinnum	0 46 51	3 17 92	3 36 33
2280 Rantum, Strandstraße 7	0 46 51	60 76	60 76
2282 List, Listlandstraße	0 46 52	10 14	10 14
2284 Hörnum, Strandweg 2	0 46 53	10 65	10 65
2285 Kampen	0 46 51	4 33 00	41091-92

197

sen, daß Sie in der Regel– so unwahr-
scheinlich es auch klingen mag – im Juli
und August mit einer Totalbelegung aller
Unterkünfte, einschließlich der Campingplätze, rechnen müssen. Besonders für
Wohnmobilisten sei angemerkt, daß Par-
ken außerhalb der Campingplätze nach
Einbruch der Dunkelheit als „wildes
Campen" angesehen und mit schweren
Geldstrafen belegt wird. Unangemelde-
ten Campern bleibt dann nur die Möglichkeit, die Insel sofort wieder zu verlassen.
Generell seien Quartiere empfohlen, in
denen „Kontakte zu Insulanern" noch
möglich sind. Vielen Syltgästen fehlt ein
mit den örtlichen Gegebenheiten vertrau-
ter Ansprechpartner, die Folge sind Irri-
tationen, die für beide Seiten – Gäste
und Einheimische – zu vermeidbaren
Konflikten führen.
Im Winter leben etwa 25 000 Menschen
auf Sylt, im Sommer mindestens die
fünffache Anzahl! Alle Infrastrukturein-
richtungen, seien es Straßen, Geschäfte,
Restaurants oder auch Kläranlagen, sind
auf eine zwischen diesen beiden Werten
liegende Bevölkerungszahl eingerichtet,
was im Sommer zu hoffnungslosen Über-
lastungen führt. Wer sich also von kilo-
meterlangen Staus, Massenabfertigungen
in Geschäften und Restaurants, Platz-
mangel am Strand die Urlaubslaune nicht
verderden läßt und die Annehmlichkei-
ten des Inselsommers auch unter diesen
Bedingungen genießen kann, der mag
die Hochsaison als Urlaubszeit wählen.
Anderen sei dringend geraten, zumindest
in die Nebensaison (Mai/Juni und Sep-
tember/Oktober) auszuweichen. Achten
Sie bei Ihrer Planung auf die Ferienzei-
ten in Nordrhein-Westfalen, Hamburg
und Schleswig-Holstein, die über 60 Prozent der Sylter Gäste stellen: Außerhalb
dieser Zeiten ist es schon bedeutend ru-
higer. Langjährige Kenner der Insel las-

sen sich einen Aufenthalt im Winter
nicht entgehen, denn Natur und Klima
zeigen sich zwischen Oktober und April
in kräftigster Verfassung.
Die – statistisch – ruhigsten Monate
schließlich sind der November sowie die
Zeit zwischen Mitte Januar und Februar.

Anreise und Mobilität auf Sylt

Sylt ist auf jede nur erdenkliche Art zu
erreichen. Die meisten Gäste kommen
mit dem eigenen Wagen entweder über
den Hindenburgdamm (Autozug, Reservierung nicht möglich, ca. 100,– DM je
nach Wagengröße für Hin- und Rückfahrt von Niebüll nach Westerland) oder
über die dänische Nachbarinsel Rømø,
die mit einer guten Straße Verbindung
zum Festland hat. Von dort verkehrt nahezu ganzjährig eine Autofähre nach
List/Sylt, was – trotz einiger Mehrkilo-
meter – insgesamt günstiger kommt. Außerdem ist eine Reservierung über jedes
Reisebüro möglich – im Sommer auch
angeraten.
Natürlich ist Sylt auch per Personenzug
zu erreichen, ferner gibt es zumindest im
Sommer regelmäßige Flüge ab Hamburg,
Berlin sowie dem westdeutschen Raum
nach Sylt. „Inselhopper" können darüber
hinaus zwischen Mai und Oktober über
Helgoland oder die Nachbarinseln Amrum, Föhr, Hooge, Langeneß und Gröde
nach Sylt gelangen.
Natürlich hat niemand etwas dagegen,
wenn Sie Ihr Auto sozusagen als „großen
Koffer" zur An- und Abreise benutzen.
Nachdenklich stimmt lediglich der som-
merliche Autokorso mit allen bedauerli-
chen Konsequenzen für Lebens- und
Luftqualität aller Anwesenden.

Sportmöglichkeiten

Ebenso vielfältig wie die Fortbewegungs-
möglichkeiten sind die Gelegenheiten,

den Urlaub mit sportlicher Betätigung zu verbinden: Von Angeln über Badminton, Golf und Segelfliegen bis zum Wattwandern und Windsurfen gibt es ein so großes Angebot, daß eine Aufzählung hier nicht möglich ist. Deshalb noch einmal der Hinweis auf die Spezialprospekte der Bädergemeinschaft sowie die Broschüre „Was ist los auf Sylt?".

Sylter Kurtips

Neben den oben aufgezählten Angeboten hat jeder Gast die Möglichkeit, seinen Urlaub auf Sylt auch in freier Natur zu Kurzwecken für Leib und Seele zu nutzen. Da Wanderungen und Radtouren ein Hauptbestandteil dieses Reisebuches sind, seien die nachstehenden Sylter Kur-Tips sehr zur Lektüre angeraten. Sie entstammen der jahrzehntelangen praktischen Forschungsarbeit von U. Jessel am Institut für angewandte Physiologie und medizinische Klimatologie der Universität Kiel in Westerland:
Die im folgenden gegebenen Richtlinien gelten für Menschen,
– die im Urlaub etwas für ihre Gesundheit tun wollen,
– die vom Baden, Wandern und Sonnen den richtigen Gebrauch machen wollen,
– die sich gerne etwas vornehmen mögen,
– die Geplantes auch zu Ende führen können.
Seebaden
Das Baden im Meer hat sich bewährt bei chronischer Bronchitis, Hypotonie, Akne und Ekzem. Baden kann man von Ende Mai bis Anfang Oktober.
Richtlinien
1. Am ersten Tag soll man noch nicht ins Wasser gehen, sondern in Badekleidung zehn Minuten lang unmittelbar am Wassersaum auf und ab gehen.
2. Am zweiten Tag verhält man sich ebenso, geht dabei aber mit den Füßen

wiederholt bis zu den Knien ins Wasser.
3. Am dritten Tag kann das Baden beginnen. Folgende Badedauern haben sich bewährt:
– Erstbadedauer: 3 Minuten
– tägliche Steigerung: 1 Minute
– Endbadedauer: 12 Minuten (am zwölften Tag erreicht).
4. Nach dem Baden trocknet man sich nicht ab, sondern läßt das Salz an der Haut antrocknen. Dazu geht man etwa zehn Minuten am Wassersaum auf und ab. Erst anschließend wird die Badekleidung gewechselt.
Effektprüfung
1. Erwünschter Effekt:
In der Wiedererwärmungsphase nach dem Baden soll sich eine gehobene Stimmungslage einstellen und ununterbrochen anhalten, speziell auch in der Zeit zwischen der 30. und 60. Minute nach Beendigung des Bades.
2. Verbotener Effekt:
Das Absinken der Stimmungslage in der „kritischen Zeit" (30. bis 60. Minute nach Beendigung des Bades), verbunden mit dem Auftreten fahler Gesichtsfarbe, ist ein Zeichen für zu starke Auskühlung. In diesem Fall hilft am besten eine heiße Dusche.
Hinweise:
1. Seebäder sind Kälteanwendungen höchster Intensität. Sie bedürfen einer sorgfältigen Bemessung. Bei richtiger Dosierung sind sie vorzügliche Hilfsmittel zum Abbau der Kälteempfindlichkeit und zur Anregung der körpereigenen Cortisonproduktion.
2. Nach einem Seebad bleiben etwa ein bis zwei Gramm Meersalz an der luftgetrockneten Haut haften. Dieses dringt zur Hälfte in die Oberhaut ein, zur Hälfte schilfert es im Laufe des Tages wieder ab. Meersalz ist hautfreundlich. Es entschuppt die Haut und strafft sie.

199

3. Kalte Seebäder lassen sich mit dem Frischluftwandern ebenso kombinieren wie mit dem Ultraviolettwandern. Die Seebäder werden dann zur halben Wanderzeit genommen.

Ultraviolettwandern

Das Ultraviolettwandern hat sich bewährt bei Akne, Ekzem und Schuppenflechte sowie bei Zuständen nach Knochenbrüchen. Es läßt sich von April bis August durchführen.

Richtlinien

1. Die Ultraviolettwanderungen werden in Badekleidung durchgeführt (oder auch unbekleidet an den FKK-Stränden).
2. Die Wanderungen können durch Bewegungsspiele ersetzt oder ergänzt werden. Liegende Expositionen sollte man nur gelegentlich (bei geeigneten Wetterlagen) in das Programm hineinnehmen.
3. Die Expositionen sollen möglichst zeitsymmetrisch zum wahren Mittag (12.30 Uhr) stattfinden. Mittags ist die Ultraviolettintensität am stärksten.
4. Folgende Expositionsdauern haben sich bewährt:
– erster Tag: 30 Minuten
– tägliche Steigerung: 30 Prozent der Dauer des Vortages
– Enddauer: 4 Stunden (10.30 ... 14.30 Uhr; am neunten Tag erreicht).
5. Kosmetika, gleich welcher Art, stören den Bestrahlungseffekt und sollen daher erst nach der Exposition angewendet werden. Das gilt auch für Sonnenschutzmittel.
6. Die Ultraviolettwanderungen können auch bei bedecktem Himmel durchgeführt werden. Die Strahlungsintensität ist dann auf die Hälfte reduziert. Man verlängert in diesen Fällen die vorgenommene Expositionsdauer auf das Doppelte.
7. Bei kalten Wetterlagen muß man einer eventuell zu starken Auskühlung

durch körperliche Bewegung entgegenwirken, bei heißen Wetterlagen muß zur notwendigen Abkühlung vom Baden Gebrauch gemacht werden.

Effektprüfung:

1. Erwünschter Effekt:
Abends soll die Haut am Ort der stärksten Bestrahlung (das ist in der Regel die Schulterpartie) leicht gerötet sein.
2. Verbotener Effekt:
Die Hautrötung ist so stark, daß der Schlaf durch Hitzeempfindungen beeinträchtigt ist („Sonnenbrand").

Hinweise:

1. Ultraviolettstrahlung fördert die Hornbildung und führt dadurch zu einer Festigung der Oberhaut („Lichtschwiele"). Die guten Effekte bei Hautkrankheiten sind in erster Linie hierauf zurückzuführen.
2. Durch Ultraviolettstrahlung wird körpereigenes Vitamin D gebildet. Vitamin D trägt zur Knochenfestigung bei.
3. Ultraviolettstrahlung führt zur Bildung hormonaler Substanzen. Dadurch tritt u. a. Bräunung auf.

Zur Progressionstechnik

Die Kurempfehlungen sind auf vier Wochen bemessen. Diese Zeit reicht im allgemeinen aus, um zu einem guten Erfolg zu kommen. Es ist wichtig, jede Kurmaßnahme für sich so zu steigern, daß das zuträgliche Maß an Belastbarkeit gerade erreicht und nicht überschritten wird. Dazu ist die angegebene Effektprüfung erforderlich. Bei positivem Ausgang wird die Expositionsdauer gesteigert, im anderen Fall wird die letzte Exposition wiederholt (oder auf die vorletzte zurückgegangen). Wenn die Enddauern erreicht sind, werden sie für die weiteren Kurtage beibehalten und nicht mehr gesteigert. In der Progressionsphase sollte möglichst ein Protokoll geführt werden (erfahrungsgemäß reicht die Erinnerung allein nicht aus, um ein Kurprogramm mit Dosisprogression erfolgreich zu bewältigen).

Kombination

Es ist möglich, die drei Kurmaßnahmen miteinander zu kombinieren. Die Frischluftwanderungen werden dann in die Mittagszeit gelegt, in Badekleidung durchgeführt und nach Maßgabe der Ultraviolettdosierung gesteigert. Das Seebaden wird in solchen Fällen am besten getrennt vor der Mittagswanderung am frühen Morgen vorgenommen.

Frischluftwandern

Das Frischluftwandern hat sich bewährt bei chronischer Bronchitis, Hypotonie und Wetterempfindlichkeit. Es kann ganzjährig durchgeführt werden.

Richtlinien

1. Man wandert unmittelbar am Wassersaum. Hier ist es am kühlsten, und hier ist die Luft am stärksten mir Meersalz angereichert.

2. Besonders zu empfehlen ist die Niedrigwasserzeit. Der Strand ist dann fest. Die Zeit des festen Strandes beginnt etwa drei Stunden nach Hochwasser und dauert etwa sechs Stunden an.

3. Zuerst wandert man gegen den Wind, dann – nach Ablauf einer vorgenommenen Halbzeit – kehrt man um und geht mit dem Wind zurück.

4. Man sollte konsequent „nach der Uhr" wandern. Folgende Wanderdauern haben sich bewährt:
– Erster Tag: 60 Minuten
– tägliche Steigerungsrate: 10 Minuten
– Endwanderdauer: 3 Stunden (wird am 13. Tag erreicht).

5. Die Wanderzeiten gelten stets ab Haustür – an Haustür. Man sollte nach der Wanderung grundsätzlich ins Haus zurückkehren.

6. Die Kleidung soll der Jahreszeit angemessen, aber so leicht wie möglich sein.

Bewährt haben sich luftdurchlässige, nichtwasserabweisende Kleidungsstücke. Segelkleidung ist zum Wandern nicht geeignet.

7. Das vorgenommene Programm soll auch dann durchgeführt werden, wenn es regnet oder stürmt. Es empfiehlt sich, keine Regenschutzkleidung zu tragen, sondern die Kleidung gegebenenfalls naß werden zu lassen.

Effektprüfung:

1. Erwünschter Effekt:
Spätestens eine halbe Stunde nach Beendigung des Wanderns (und Rückkehr ins Haus) sollen die Hände wieder warm und soll das Gesicht gerötet sein.

2. Verbotener Effekt:
Das Ausbleiben der Wiedererwärmung ist ein Zeichen für zu starke Auskühlung. Sie ist erkennbar an fahler Gesichtsfarbe und negativer Stimmungslage. In diesem Fall hilft am besten eine heiße Dusche.

Hinweise:

1. Frischluftwanderungen sind in erster Linie Kälteanwendungen. Die Körperhaut soll in angemessener Weise ausgekühlt werden. Dadurch geht nach und nach die Kälteempfindlichkeit zurück.

2. Die Abkühlung der Haut bedingt auch eine Abkühlung der Schleimhaut. An der abgekühlten Schleimhaut schlägt sich das Ausatemwasser nieder („Rückkondensation"). Dadurch kommt es zur Schleimhautbefeuchtung.

3. Die Brandungsluft ist mit abgesprühtem Meersalz angereichert. Das Meersalz ist schleimhautfreundlich und trägt zur Heilung der Atemwege bei.

4. Durch täglich wiederholte und in ihrer Dosis gesteigerte Kälteanwendung kommt es zu einer wiederholten Stimulierung des Nebennierensystems. Dadurch werden körpereigene Abwehrkräfte mobilisiert.

Westerland

Das Nordseeheilbad Westerland gilt als unumstrittene Urlaubsmetropole der Insel Sylt. Auf 9000 Einwohner kommen gut doppelt so viele Gästebetten in Hotels, Apartments, Pensionen und Privathäuser. Laut offizieller Statistik bewegen sich die jährlichen Gästezahlen auf die 300000 zu (zuzüglich Dunkelziffer plus leichter Steigerungsrate).

Hauptattraktion und Lebensader von Westerland ist die kilometerlange Strandpromenade mit angeschlossenem Kurmittelhaus und Meerwasser-Wellenbad. Das Spiel von Sehen und Gesehenwerden spielt sich eher in der Friedrichstraße ab, die ein geradezu großstädtisches Angebot an Boutiquen, Restaurants und Bars zu bieten hat. Der sieben Kilometer lange Strand mit seinen über 4000 Strandkörben reicht kaum aus, er erlebt allsommerlich ähnliche Besucherkonzentratio-

nen wie El Arenal auf Mallorca und Playa del Ingles auf Gran Canaria.

Wichtige Adressen:

Aquarium:
mit Seehundbecken, Meerestieren usw. neben dem Meerwasser-Wellenbad Westerland. Geöffnet ganzjährig, täglich 10.00–13.00 Uhr und 15.00–18.00 Uhr. Tel. (04651) 5410.

Eidum-Vogelkoje:
geöffnet täglich außer montags 11.30–13.00 Uhr. Tel. (04651) 5812.

Fahrradverleih:
Autohaus Albrecht/ARAL-Tankstelle Westerland, Andreas-Nielsen-Straße 3–7 (bei der neuen Post), Tel. (04651) 3456 (ab Mai)
Autohaus Albrecht, Kirchenweg, gegenüber dem Bahnhof Westerland (ab Mai)
M. Behling, Am Friedrichshain 21, Tel. (04651) 7607
Fa. Christiansen, Deckerstraße 20, Tel. (04651) 26144
A. Drechsler, Henningstraße 15, Tel. (04651) 35258
Esso-Station, Trift 2, Tel. (04651) 23740
Fahrrad am Bahnhof, Tel. (04651) 7292
E. Krtschek, Nordmarkstraße 13, Tel. (04651) 25772
M & M, Süderstraße 28, Tel. (04651) 25688
P. Petersen, Norderstraße 55, Tel. (04651) 22958
Pörksen, Bahnweg 7, Tel. (04651) 23634
Wäscherei Prössel, Neue Straße 4, Tel. (04651) 6379 und 6576
E. Schmidt, Kirchenweg 3–5, Tel. (04651) 6709
Velo-Quick, Tel. (04651) 21506

202

Busfahrten:
„Der Westerländer" (Tel. 04651/6363): tägliche Inselrundfahrten.
Fahrten nach Dänemark laut Aushang.
„Sylter Verkehrsgesellschaft" (Tel. 04651/7027): tägliche Inselrundfahrten, Abfahrt 14.00 Uhr ab Stephanstraße gegenüber der Spielbank. Jeden Dienstag nach Esbjerg und Ribe, jeden Donnerstag nach Legoland und Ribe.

Kurmittelhaus:
Offene Badekuren und Sonderarrangements für Ihre Gesundheit. Information: Tel. (04651) 81224, 81235, 81342.
Meerwasser-Wannenbäder mit medizinischen Zusätzen, Massagen, Unterwassermassagen, Stangerbad, Fango, Schlickbehandlungen, Meerwasser-Inhalationen (Raum- und Einzelinhalation), Lymphdrainage, Atem- und Bewegungsgymnastik, Kneippsche Anwendungen. Anmeldung: Mo.–Fr. 7.00–19.00 Uhr (Kasse bis 15.00 Uhr), Sa. 7.00–14.00 Uhr. Tel. (04651) 81342 und 81235.

Leihbücherei:
Stephanstraße 6, Alte Post, Tel. (04651) 22710, geöffnet Mo., Di., Do., Fr., Sa. 9.30–12.30 Uhr; Mo., Di. und Fr. 14.30–18.00 Uhr; Do. 14.30–19.00 Uhr; mittwochs geschlossen. Ausleihe kostenlos gegen Vorlage des Personalausweises.

Lesesaal:
Obere Kurpromenade, geöffnet täglich 9.00–22.00 Uhr, Seenot-Saal (Lesesaal). Untere Kurpromenade: täglich 9.00–18.00 Uhr, Meerwasser-Trinkkurhalle und Aufenthaltsraum; 3 Fernsehräume täglich 16.00–22.00 Uhr.

Ortsführungen:
Jeden Montag um 14.00 Uhr ab Pavillon, Zimmernachweis Bahnhof Westerland.

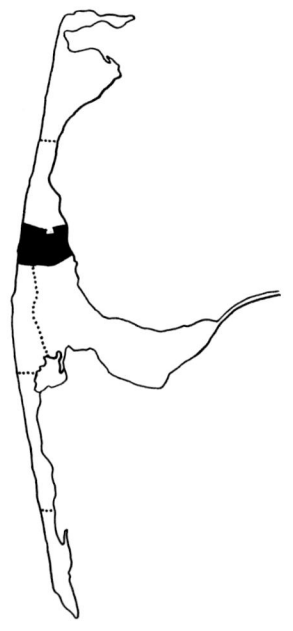

Wenningstedt–Braderup
Wenningstedt wird oft als Westerlands kleine Schwester bezeichnet, was aus seiner Lage sowie seiner noch aus den Anfängen des Fremdenverkehrs herrührenden Verbundenheit mit der Inselmetropole zu verstehen ist.
Heute wird die Doppelgemeinde ihrem Ruf als Familienbad der Insel gerecht. Ruhe, Idylle und Gemütlichkeit werden großgeschrieben, mehrere Naturschutzgebiete umrahmen die bebauten Ortsteile. Der Strand, unmittelbar zu Füßen des Roten Kliffs gelegen, zählt zu den schönsten auf Sylt.
Die insgesamt 7000 Gästebetten sind nur zur Hochsaison belegt, das moderne Kurmittelhaus bietet ganzjährig Inhalationen, Massagen, Schlickpackungen und Meerwasserbäder an.
Der östliche Ortsteil Braderup zieht sich bis zum Wattenmeer hinunter und darf

als einer der ruhigsten Flecken der Insel bezeichnet werden.

Wichtige Adressen:

Fahrradverleih:
M. Johannsen, Am Ring 8, Tel. (04651) 42614
Lödige-Holst, Osterweg 22, Tel. (04651) 43315
Restaurant „Kliffkieker", Strandstraße 22, Tel. (04651) 42831

Hünengrab Denghoog:
geöffnet 1. 5.–30. 9. täglich außer montags 9.30–11.30 Uhr und 15.00–17.30 Uhr

Kurmittelhaus:
geöffnet Mo.–Fr. 8.00–12.00 Uhr und 14.00–16.00 Uhr, Sa. 8.00–12.00 Uhr

Leihbücherei:
Gemeindehaus, Hauptstraße, geöffnet Mo.–Fr. 16.30–18.30 Uhr

Naturzentrum Braderup:
Math.-Tobias-Buchholtz-Stig 1, Tel. (04651) 44421, geöffnet täglich 10.00–12.00 Uhr und 15.00–18.00 Uhr, sonntags geschlossen. Naturkundliche Informationen, die mit der Schönheit und Schutzbedürftigkeit der Insel Sylt und des nordfriesischen Wattenmeeres vertraut machen.

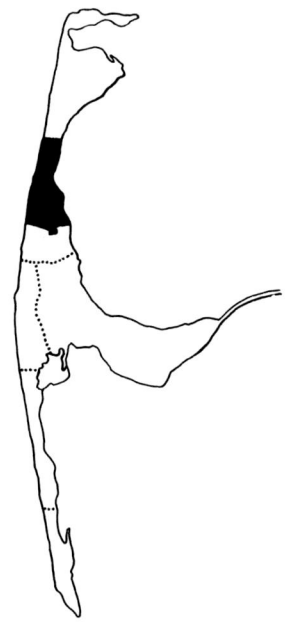

Kampen

Kampens Ruf als Treffpunkt der „Nackten und Reichen", der dem Ort in den 60er und 70er Jahren zuteil wurde, scheint auch heute noch nicht verflogen. Die Nacktbadestrände – längst ein gewohntes Bild – nehmen weiterhin den größten Teil der konzessionierten Badestellen ein, aus den wenigen Reichen jedoch sind zahllose Neureiche geworden, was bei näherer Betrachtung einen großen Unterschied darstellt.
Zweifellos genießt Kampen die schönste Lage aller Sylter Ortschaften: oberhalb des Roten Kliffs gelegen, mit weitem Blick über die nördlich angrenzende Dünenlandschaft bis nach List sowie das Wattenmeer.
Zwar hat sich die Gemeinde sichtbare Mühe gegeben, beim Hausbau eine „landschaftstypische Bauweise" anzustreben (was meist sehr teuer ist), doch hat

man es versäumt, die Spekulation und
den damit einhergehenden Ausverkauf
weiter Heideflächen rechtzeitig zu unterbinden.

Folge ist, daß Kampen viel von seiner
Originalität als Künstlerdorf verloren
hat, wenngleich es immer noch das Flair
des Besonderen trägt.

Wichtige Adressen:

Fahrradverleih:
Aral-Tankstelle, Hauptstraße, Tel.
(04651) 43010
BP-Tankstelle, Hauptstraße, Tel.
(04651) 4956
Campingplatz, Möwenweg, Tel. (04651)
42086

Kampener Vogelkoje:
geöffnet täglich 10.00–16.00 Uhr.

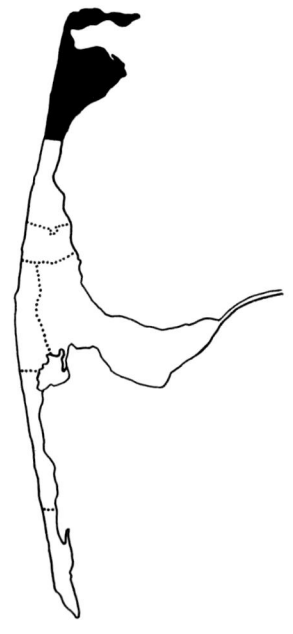

List

Das große Kapital der nördlichsten Gemeinde im Bundesgebiet ist die Natur:
die großartige Szenerie der Wanderdünen, kilometerlange Sandstrände und
(sozusagen direkt vor der Haustür) der
Nationalpark Wattenmeer, dessen Lebewelt man besonders gut im Königshafen
beobachten kann.

Problematischer ist es schon mit dem
Ortsbild, das bis heute seinen militäri-
schen „Charme" nicht verleugnen kann.
Als Attraktion gilt der Budenzauber des
Lister Hafens, auch als „List Vegas" be-
zeichnet.

Wie in allen Sylter Gemeinden gibt es
auch in List ein Kurhaus, hier sogar samt
Schwimmbad und Kurmittelabteilung.
Wer Ausflüge nach Dänemark plant,
wird an List kaum vorbeikommen, denn
vom Hafen aus verkehren regelmäßig ge-
räumige Fähren zur Nachbarinsel Rømø,

205

die wiederum über einen Autodamm mit
dem Festland verbunden ist.

Wichtige Adressen:

Fahrradverleih:
K. Tieves, Listlandstraße 15,
Tel. (04652) 226

Kurhaus:
Massagepraxis R. Hundsdorfer, Tel.
(04652) 7676. Nähere Informationen bei
der Kurverwaltung, Tel. (04652) 1014
und 1015. Kurmittelabteilung: geöffnet
Mo.–Fr. 9.00–13.00 Uhr und
15.00–20.00 Uhr.

Leihbücherei:
Grundschule, Dünenstraße/Landwehr-
deich, geöffnet Do. 16.00–18.30 Uhr.

Leseraum:
Kurhaus: geöffnet täglich 10.00–22.00
Uhr.

Führungen:
Natur- und vogelkundliche Deich- und
Wattführung, Tel. (04652) 1385, Mo.
9.00 Uhr, Di.–Sa. 10.00 Uhr ab Biologi-
sche Station (200 Meter nördlich vom
Hafen).

Wetterbericht:
Die Bädergemeinschaft Sylt hat für die
Kurgäste einen speziellen Urlaubswetter-
bericht finanziert. Die Wetterwarte in
List gibt zweimal täglich neueste Informationen über Tel. (04652) 1098 mit einem Hinweis für Segler und Surfer.

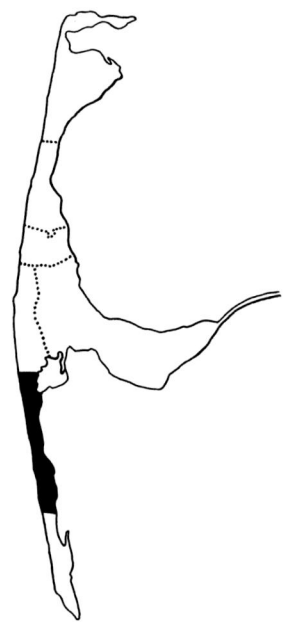

Rantum

Die kleinste Gemeinde Sylts (knapp 500
Einwohner) liegt an einer der schmalsten
Stellen der Insel. So haben fast alle Häuser – mit ihren immerhin 2300 Gästebetten – Meeresblick. Im zentralen Teil (soweit man überhaupt davon sprechen
kann) ist Reetbedachung und niedrige
Bauweise vorgeschrieben, was den dörfli-
chen Charakter Rantums betont.
Kein anderer Ort auf Sylt hat derart
hartnäckige Stammgäste, die die Ruhe
dieses Dünendorfes insbesondere außerhalb der Hochsaison nicht missen möchten.
Ähnlich wie in Wenningstedt profitiert
man von der Nähe Westerlands und gibt
sich familienfreundlich. Ein acht Kilometer langer Sandstrand, Wanderwege am
Watt, in den Dünen sowie auf dem Rantum-Becken-Deich laden zu aktiver Ur-
laubsgestaltung ein.

206

Wichtige Adressen:

Fahrradverleih:
R. Ehlers, Dikwai 1, Tel. (04651) 5922
P. Ludwigsen, Strandstraße 1,
Tel. (04651) 25740
M. Roos, Am Loo, Tel. (04652) 867

Leihbücherei:
Gemeindeverwaltung, Strandstraße 7,
Tel. (04651) 6078, geöffnet Mo.–Fr.
10.00–12.00 Uhr

Leseraum:
Haus des Kurgastes, geöffnet täglich
9.00–22.00 Uhr

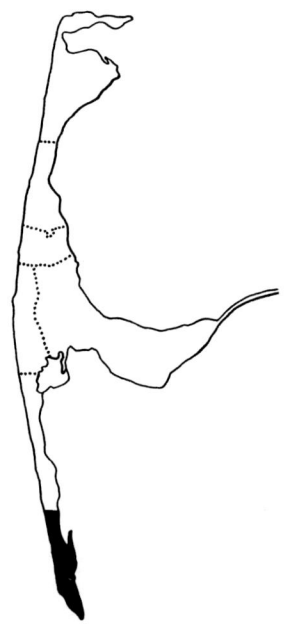

Hörnum

„Sylts sonniger Süden" (so steht es in
den Werbeprospekten) hat, ebenso wie
sein Antipode List, Probleme mit dem
Ortsbild, das bis heute vom Militär geprägt ist.
Um so schöner das Drumherum: drei
Seiten Strand an der Südspitze, naturge-
schützte Dünenlandschaften, das „wan-
derbare" Watt an der Ostküste und...
der Hafen als Ausgangspunkt täglicher
Ausflugsfahrten zu Nachbarinseln, Halligen und nach Helgoland.
Geschäfte für den täglichen Bedarf sind
vorhanden, das Haus des Kurgastes bietet Hallenbad, Sauna, Solarium sowie
eine Kurabteilung.
Wer aufs Nachtleben nicht verzichten
möchte, sollte sich auf Fahrten nach
Westerland einstellen.

207

Wichtige Adressen:

Fahrradverleih:
V. Claßen, Hangstraße 9,
Tel. (04653) 354
M. Matthiesen, Rantumer Straße 25,
Tel. (04653) 1048

Kurmittelhaus:
Im Kurhaus, geöffnet Mo.–Fr.
9.00–13.00 Uhr und 15.00–20.00 Uhr,
Sa., So. und Feiertag geschlossen. Massagen, Fangopackungen, Heißluft, Infra-
rotbestrahlung, Inhalationen, Bewe-
gungsübungen, Glisson'sche Schlinge,
Schräghang, Kryogelpackungen, med.
Fußpflege; Tel. (04653) 1514.

Leihbücherei:
Kurhaus. Ausgabe Mo. und Do.
17.00–18.30 Uhr

Leseraum:
Kurhaus, geöffnet täglich 10.00–22.00
Uhr.

Wattwanderungen:
Nach Absprache mit der Schutzstation
Wattenmeer, Tel. (04653) 1093.

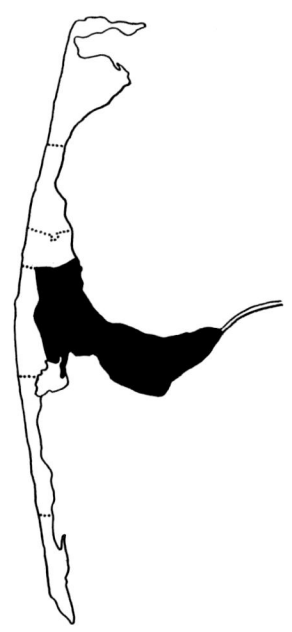

Sylt-Ost
Die Großgemeinde im Sylter Osten umfaßt die fünf Ortslagen von Tinnum, Keitum, Munkmarsch, Archsum und Morsum. Im Gegensatz zur dünentragenden
Westküste findet sich hier das „grüne
Sylt", dessen Dörfer eine lange Geschichte aufzuweisen haben und dementsprechend gewachsene Strukturen zeigen.
Über den ruhigen (und preislich sehr
günstigen!) Ort Tinnum kommt man
nach Keitum, das als eines der am schönsten erhaltenen nordfriesischen Dörfer
gilt.
Während der Munkmarscher Hafen besonders Surfer und Segler anziehen wird,
sind ländliche Ruhe und Abgeschiedenheit das Markenzeichen der östlichsten
Dörfer Archsum und Morsum.
Wandern, Radfahren, Reiten oder einfach nur Ausspannen: Nirgends geht dies

besser als in den fünf Ostdörfern der Insel.

Die große Naturattraktion ist das Morsum-Kliff, Hauptanziehungspunkt in Keitum das große Meerwasser-Freibad samt angeschlossener Kurmittelabteilung.

Wichtige Adressen:

Fahrradverleih:

Tinnum:

Autohaus Albrecht, Keitumer Landstraße 34, Tel. (04651) 3456
Fam. Christiansen, Dirksstraße 64c,
Tel. (04651) 31644 und 26144
J. Drechsler, Zur Eiche 16,
Tel. (04651) 35258
M. Heidorn, Am Grenzkrug,
Tel. (04651) 5662
E. Krtschek, Südhörn 17,
Tel. (04651) 32626
Morsum:
E. Dietze, Bahnhofstraße 10,
Tel. (04654) 1478
Gerda Hein, Täärpstig 41,
Tel. (04654) 263

Kurmittelabteilung:

Haus des Kurgastes, Keitum,
Tel. (04651) 31050, geöffnet Mo.–Fr. 7.30–12.00 Uhr und 13.00–17.00 Uhr.

Leihbücherei:

Keitum/Sylt-Ost: Gemeindeverwaltung, Gurtstig, geöffnet Fr. 17.00–19.00 Uhr
Tinnum/Sylt-Ost: Schule, Boy-Peter-Eben-Weg, geöffnet Do. 17.00–18.00 Uhr

Leseräume:

Keitum/Sylt-Ost: Haus des Kurgastes, geöffnet Mo.–Fr. 8.30–17.00 Uhr
Tinnum/Sylt-Ost: Schule, Boy-Peter-Eben-Weg, geöffnet Mo.–Fr. 9.00–12.00 Uhr und 14.00–17.00 Uhr

Museen:

Sylter Heimatmuseum, Am Kliff 19, Keitum, Tel. (04651) 31669, geöffnet täglich außer montags 10.00–17.00 Uhr.
Altfriesisches Haus, Am Kliff, Keitum, Tel. (04651) 31101, geöffnet täglich außer dienstags 10.00–17.00 Uhr

Naturschutz-Infozentrum:

Morsum-Kliff: Mobiles Informationszentrum, geöffnet ab 1. 4. täglich 10.30–18.00 Uhr

Czock, H., und P. Wieland (1965): Naturnaher Küstenschutz am Beispiel der Hörnum-Düne auf der Insel Sylt nach der Sturmflut vom 16./17. Febr. 1962. – Die Küste 13: 61–72, Heide.

Grube, F., und G. Richter (Hrsg.) (1979): Die Deutsche Küste. – Hamburg.

Hansen, C. P. (1859): Insel Sylt wie sie war. – Nachdruck der alten Ausgabe, Walluf 1974.

Hansen, M. und N. (Hrsg.) (1967): Sylt – Geschichte und Gestalt einer Insel. – Itzehoe.

Jessel, H. W. (o. J.): Fliesen Bilderbuch. – Flensburg.

Jessel, Hubertus (1982): Das Biikebrennen der Nordfriesen. – Husum.

Jessel, U. (o. J.): Sylter Kur-Tips. – Westerland.

Jessen, W. (1967): Das Meer vernichtet – und segnet. – Westerland.

Kersten, K., und P. La Baume (1958): Vorgeschichte der Nordfriesischen Inseln. – Neumünster.

Koehn, H. (1961): Die Nordfriesischen Inseln. – Hamburg.

Koehn, H. (1975): Sylt – Ein Führer durch die Inselwelt. – Berlin.

Köster, R. (1979): Dreidimensionale Kartierung des Seegrundes vor den nordfriesischen Inseln. – In: Deutsche Forschungsgemeinschaft, Sandbewegung im Küstenraum. – Boppard.

Kuckuck, P. (1980): Der Strandwanderer. – München.

Meier, O. G. (Hrsg.) (1987): Die Naturschutzgebiete auf Sylt und Amrum. – Heide.

Naturschutzgemeinschaft Sylt-Nordfriesland (Hrsg.) (o. J.): Das Naturschutzgebiet Morsum-Kliff. – Braderup.

Pahl, M., und P. Carstensen (1973): Hörnum – Heimat am Horn. – Hamburg.

Petersen, M., und H. Rohde (1977): Sturmflut. Die großen Fluten an den Küsten Schleswig-Holsteins und in der Elbe. – Neumünster.

Rodenberg, J. (1861): Stillleben auf Sylt (1859). In: Verschollene Inseln. – Berlin.

Simon, S. (1980): Sylt – Abenteuer einer Insel. – Hamburg.

Söl'ring Foriining e. V. (o. J.): Das Altfriesische Haus in Keitum. – Westerland.

Spreckelsen, R. (1968): Sylter Leuchtfeuer und Seezeichen. – Westerland.

Voigt, H., und M. Wedemeyer (1980): Westerland – Bad und Stadt im Wandel der Zeit. – Westerland.

Das Personen-, Orts- und Sachregister
umfaßt Hauptteil und Anhang. Hinweise auf Abbildungen sind kursiv gesetzt.

CIP-Titelaufnahme der Deutschen Bibliothek

Jessel, Hans: Sylt / Hans Jessel. – 2., überarb. u. aktualisierte Aufl. –
Hamburg: Ellert u. Richter, 1990 (Ein Reisebuch) ISBN 3-89234-093-5

© Ellert & Richter Verlag,
Hamburg 1989

Lektorat: Brigitte Beier, Hamburg
Gestaltung: Hartmut Brückner, Bremen
Satz: IBV Satz- und Datentechnik GmbH, Berlin
Lithographie: Rüdiger & Doepner, Bremen
Druck: Druckerei C. H. Wäser, Bad Segeberg
Bindearbeiten: Paderborner Druck Centrum, Paderborn

Bildnachweis:
Farbabbildungen:
Hans Jessel, Keitum: Titel, S. 10/11, 14/15, 22/23, 26/27, 30/31, 34/35, 38/39, 54/55,
58/59, 82/83, 98/99, 102/103, 114/115, 130/131, 138/139, 142/143, 170/171, 174/175,
178/179, 182/183, 187, 191, 194/195

S/W-Fotos:
Hans Jessel, Keitum: S. 42/43, 124/125, 126/127, 166/167
Sylter Archiv, Westerland: S. 62–77, 122/123, 150/151, 158/159, 162/163
Söl'ring Foriining, Keitum: S. 168

Für die modernen Fotos wurden Leica-Kameras und Kodak-Filme verwendet.

Quellen der Abbildungen:
S. 13 aus: Sylt im Kampf mit Meer und Sand. Ein historischer Rückblick von Louise
Krämer; hrsg. Söl'ring Foriining. – Keitum/Westerland.
S. 60 aus: Naturschutz auf Sylt, Faltprospekt der Bädergemeinschaft Sylt.
S. 106 aus: Das Naturschutzgebiet Morsum-Kliff; hrsg. Naturschutzgemeinschaft Sylt-
Nordfriesland. – Braderup.
S. 168 aus: Das Altfriesische Haus; hrsg. Söl'ring Foriining. – Keitum/Westerland.

Bücher für Nordseefreunde
im Ellert & Richter Verlag, Hamburg

48 Seiten nit 17 vierfarbigen
Abbildungen, Format 21,3 x 28,5 cm,
bezogener Pappband, DM 24,80

56 Seiten mit 18 vierfarbigen
Abbildungen, Format 21,3 x 28,5 cm,
bezogener Pappband, DM 24,80

56 Seiten mit 31 vierfarbigen
Abbildungen, Format 21,3 x 28,5 cm,
bezogener Pappband, DM 24,80

56 Seiten mit 29 vierfarbigen
Abbildungen, Format 21,3 x 28,5 cm,
bezogener Pappband, DM 24,80